北大版对外汉语教材·短期培训系列

原版教材参编人员
主　　编　郭志良
副 主 编　杨惠元　高彦德
英文翻译　赵　娅
插　　图　张志忠

《速成汉语初级教程·综合课本》修订版

速成汉语基础教程
Speed-up Chinese

郭志良　杨惠元　主编

· 综合课本 ·
An Integrated Textbook

6

北京大学出版社
PEKING UNIVERSITY PRESS

图书在版编目(CIP)数据

速成汉语基础教程.综合课本.6/郭志良,杨惠元主编.—北京:北京大学出版社,2008.3

(北大版对外汉语教材·短期培训系列)

ISBN 978-7-301-13435-1

Ⅰ.速… Ⅱ.①郭…②杨… Ⅲ.汉语—对外汉语教学—教材 Ⅳ.H195.4

中国版本图书馆 CIP 数据核字（2008）第 021734 号

书　　　名：	速成汉语基础教程·综合课本　6
著作责任者：	郭志良　杨惠元　主编
责 任 编 辑：	旷书文
标 准 书 号：	ISBN 978-7-301-13435-1/H·1944
出 版 发 行：	北京大学出版社
地　　　址：	北京市海淀区成府路 205 号　100871
网　　　址：	http://www.pup.cn
电 子 信 箱：	zpup@pup.pku.edu.cn
电　　　话：	邮购部 62752015　发行部 62750672　编辑部 62754144
	出版部 62754962
印 　刷 　者：	北京中科印刷有限公司
经 　销 　者：	新华书店
	787 毫米 × 1092 毫米　16 开本　11.75 印张　275 千字
	2008 年 3 月第 1 版　2013 年 7 月第 3 次印刷
定　　　价：	43.00 元（附 MP3 盘 1 张）

未经许可，不得以任何方式复制或抄袭本书之部分或全部内容。

版权所有，侵权必究

举报电话：010-62752024　　电子信箱：fd@pup.pku.edu.cn

作者简介

郭志良,北京语言大学教授,河北青龙县人,1938年生,1964年毕业于河北北京师范学院中文系。郭志良教授长期从事对外汉语教学工作,多次出国任教,有着丰富的教学经验和教材编写经验。他的研究方向为汉语言文字学,曾在《中国语文》、《汉语学习》、《语言教学与研究》、《世界汉语教学》等核心刊物发表有关汉语语法和词汇研究的论文十几篇,出版专著《现代汉语转折词语研究》(国家教委人文社会科学研究项目,北京语言文化大学出版社,1996),主编《速成汉语初级教程综合课本》1-4册(北京语言文化大学出版社,1996),参与编写《中国语会话初阶》、《普通话初步》、《初级口语》、《现代汉语教程》、《汉语同义词词典》等多部教材和工具书。郭志良教授1998年退休后仍然潜心研究,笔耕不辍,并有新作问世。

杨惠元,1945年生,北京语言大学教授,研究方向为对外汉语教学。30多年来,他始终在教学第一线边教学边研究,积累了丰富的教学经验,特别是听说教学方面,教学效果明显并形成了自己独特的教学风格。他曾出版专著《听力训练81法》(现代出版社,1988)、《汉语听力说话教学法》(北京语言文化大学出版社,1996)、《课堂教学理论与实践》(北京语言文化大学出版社,2007),主编《速成汉语初级听力教程》,参与编写《现代汉语教程》、《听力理解》、《速成汉语基础教程综合课本》、《实用英汉词典》等多部教材和工具书,发表论文四十多篇。杨惠元教授1993年和1995年被评为北京市优秀教师,2002年被评为全国对外汉语教学优秀教师,2003年荣获北京市高等学校教学名师称号。

　　高彦德，男，山东沂南县人，毕业于北京大学东语系。北京语言大学研究员，曾任北京语言大学校长助理，继续教育学院与网络教育学院院长，先后在北京语言大学从事教学及教学管理工作达20年。在国外从事翻译及汉语教学工作（包括海外办学）达16年。受学校派遣，赴韩国首尔建立了北京语言大学驻韩办事处，并于1997年创办北京语文学院，任中方校长并兼任教学工作。2005年至2008年任北京语言大学（泰国）曼谷学院中方院长，并承担教学任务。由于工作地点及工作任务的变动，研究方向也由原来的对外汉语教学（翻译方向）逐渐转为成人高等教育教学管理。先后以合作形式（任主编或副主编）出版汉语教材3部，译著数篇（约70万字）；承担国家汉办大型课题研究项目一个（合作出版35万字的论著一部，该著作曾获当年北京市社科类一等奖，教育部社科类三等奖）；自1999年开始，先后发表数篇有关成人高等教育心理学系列研究论文，其中三篇曾分获北京市成人高等教育学会一、二等奖。

原版前言

《速成汉语初级教程·综合课本》是为短期班零起点的外国学生编写的初级汉语主体教体（也可供长期班零起点的外国学生使用），教学时间为一个学期（20周），要求学生基本达到国内基础汉语教学一学年所达到的汉语水平。

速成教学时间短，要求高，只有实行"强化＋科学化"的教学，才能成为最优化的教学。我们认为，速成教学总体构想应该是：以掌握话题内容为教学的最低目的，以掌握话题模式为教学的最高目的，以掌握语法、功能为实现教学目的的重要条件，以紧密结合语法、功能的形式多样的大量练习为实现教学目的的重要条件，以紧密结合语法、功能的形式多样的大量练习为实现教学目的的具体措施和根本保障。因此，本教材的总体构想是：以话题为中心，以语法、功能为暗线，以全方位的练习项目为练习主体。

教材具体安排如下：共编80课，语音教学贯彻始终。1~10课突出语音（声母、韵母、声调），不涉及语法和功能；11~80课侧重于语法和功能，兼顾语音（难音、难调、词重音、句重音、语调等）。

编写课文时，我们慎重筛选和安排话题。有关生活、学习、交际方面的内容先出，有关介绍中国国情、中国人的观念习俗的文化内容后出。其中，介绍中国国情的内容，以反映社会积极因素为主，但也有个别课文内容是反映社会消极因素的，目的在于避免脱离的实际，防止产生误导效应。课文内容 的确定，均受一定语法点的制约，但又不能捆得过死，注重语言的顺畅和趣味。篇幅逐渐过长，但最长的一般不超过500

字。

共出生词3400多个（专名未计算在内）。注音，基本上以社科院语言研究所词典编辑室所编《现代汉语词典》为依据，极个别的参考了汉语水平等级标准研究小组所编《词汇等级大纲》。词性，主要参考冯志纯等主编《新编现代汉语多功能词典》。每课生词平均43个左右，只要求学生掌握本课重点词语。

语法点的选取主要依据汉语水平等级标准研究小组所编《语法等级大纲》。教材中涉及到的语法点，甲级的除少数外，全部出齐，乙级的出了大部分，丙级的也选取了一些。我们对少数语法点进行了调整，扩大了趋向补语、结果补语以及主谓谓语句的范围，增加了状态补语和物量补语。语法难点，分散出。对课文中出现的语法点，我们采取分别对待的处理方法；重点的，注释略多些；次重点的，注释从简；非重点的不注，如连动句、兼语句等。语法点，不是见一个注一个，基本上采取归纳法，并注意说明使用条件。

共选取100多个功能项目。这些功能项目都是学生最常见、最急用的。对这些功能项目也采取归纳法，而且是在逢五、逢十的课中归纳。所归纳的功能项目只具有提示作用，在句型、句式上不求全，教员上课时可根据教学实际情况适当补充。

我们所设计的练习项目是为教师备课、组织课堂教学、对学生进行技能训练服务的，说到底，是为提高学生的交际能力服务的。为此，我们采用了语音、词语、句型、功能、成段表达、篇章模式、阅读训练一条龙的练习方法。这些练习项目为帮助学生打好语音基础、实现从单句表达到成段的平稳过渡提供了可靠的保障。教员可根据教学实示情况适当增减。

我们的教材编写工作一直是在院领导的具体指导下，在校领导和国家对外汉语教学领导小组办公室的大力支持下，在院内同志的热情帮助下进行的。没有上上下下的通力合作，这套教材是编不出来的。

在教材编写过程中，我们召开过院内专家咨询会、校内专家咨询会，参加过合肥教材问题讨论会。与会专家对我们的教材初稿提出了许多宝贵意见，使我们修改工作有了准绳。

在编写课文时，我们参考了校内外的有关教材，如韩鉴堂编《中国文化》、赵洪琴编《汉语写作》、刘德联等编《趣味汉语》、吴晓露主编《说汉语学文化》、潘兆明主编《汉语中级听力教程》、吕文珍主编《五彩的世界》等，从中受益匪浅。

在此，我们谨向有关领导、专家、同行和所有直接或间接帮助过我们的同志表示衷心的感谢。

限于水平，教材的缺点和错误在所难免，恳望使用者给予批评指正。

编者　1995 年 12 月

Preface for the First Version

A Short Intensive Elementary Chinese Course is a main Chinese language course book designed for foreigners at elementary level in short term classes. It can, however, also be used for long term classes. The course covers one semester (20 weeks) in which time the student should reach the basic level it takes a foreign student one year to achieve while studying in China.

Although short term teaching time is limited, it demands a high standard of teaching. Only if the teaching is based on an Intensive and Methodical approach can excellent be achieved in a short term course. We believe that the basic principles underlying the conception of short term teaching should be: firstly, that the minimum teaching aim is the mastery of topic contents; secondly, that the maximum teaching aim is the mastery of topic paradigms; thirdly, that the most important condition for accomplishing the teaching aim is the mastery of grammar and functions; and lastly, that a large number of varied exercises combined closely with grammar and functions should be considered as a concrete and essential part of teaching. Thus, the overall design of the book takes the text as a core, grammar and functions as an underlying framework while a varied selection of exercises provide the main body of material.

The book consists of 80 texts and the teaching of pronunciation is pursued till the end of the course. Lessons 1 to 10 deal with pronunciation (vowels, initial consonants and tones) and not with grammar or functions. These are dealt with in Lessons 11 to 80 which also contain some pronunciation (difficult cases, tones, word stress, sentence stress and intonation).

While compiling the texts we selected and arranged topics carefully. Topics covering day-to-day life, studies and communication come first and are followed by topics centering on the situation in China and about the Chinese people's culture, concepts and customs. Concerning the latter, stress is laid on the positive aspects of the society, although some texts also reflect the more negative aspects. This is so as not to lose contact with reality which could lead to the misunderstanding. The content of the texts is necessarily restricted by grammar, but this should not imply a total confinement and the language should read smoothly and interestingly. The length of texts is extended progressively, the longest one nevertheless consisting of less than 500 words.

The course introduces more than 3400 words (excluding the proper nouns). Phonetic notations are almost all based on the **Contemporary Chinese Dictionary** edited by the Editorial Division of the Linguistic Research Institute of the Academy of Social Sciences and a handful come from **An Outline of Vocabulary Grades** edited by the Chinese Language Level Grading System Research Group. Parts of the speech are based mainly on **The Newly Compiled Modern Chinese Multiple Functional Dictionary** edited by Feng Zhichun and so on. Each text consists of about 43 items of vocabulary of which the student is required to master the main words and phrases.

Grammar points have been selected mainly according to **An Outline of Grammar Grades** edited by the Chinese Language Level Grading System Research Group. Except for the grammar on decimals all the items in the grading system that deal with basic grammar have been selected and most items dealing with less frequently used grammar have also been included. We have adjusted some of the grammar points, and extended the scope of others, such as the Complement of Direction, the Complement of Result and the Sentence with a Subject–Predicate Phrase as a predicate. We have also added items on the Complement of State and the Complement of Numeral–Measure. We have dispersed difficult points among texts and dealt with the points of each lesson in different ways. More explanations are given to the important points, simplified explanations are give to the less important points and there are no explanations for the unimportant points such as the Sentence with

Verbal Constructions in Series, the Pivotal Sentence and so on. The inductive method has been used mainly in explaining the points and attention has been given to explanations on how to use them in speech and writing.

More than 100 functional items have been incorporated, all of which are extremely useful and practical to students. These items have been summarised every fifth lesson although only in the form of notes. Sentence constructions have not been thoroughly perfected which allows for teachers' own supplementation according to their individual teaching practice.

The exercises have been designed to be used for teachers' class preparation and lesson plans as well as for student practice of different skills. In the long run they will help to improve students' communication skills. It is with this approach in mind that we have created a new series of exercises covering the following items: pronunciation, words and phrases, sentence constructions, functions, widening means of expression, composition writing, and reading exercises. These are the most essential items for the laying of a solid foundation in pronunciation and communication skills. The number of items may be increased or reduced according to teaching methods.

This book has been compiled from start to finish under the concrete guidance of our University leaders and with the full support of our University leadership and that of the Leading Group Office of Teaching Chinese Language to Foreigners in China, as well as with the warm help of the comrades in our University without whom this book could not have been published.

While compiling the course we consulted the experts of our University and attended the seminar in Hefei on teaching material issues. The experts in this seminar offered us many helpful suggestions witch proved very useful to the drafting of this amendment.

While compiling the book we consulted many works and learned a lot from them. These works include: **Chinese Culture** edited by Han Jiantang,

Chinese Writing edited by Zhao Hongqin, **Interesting Chinese** edited by Liu Delian and so on, Speaking Chinese and Learning the Culture compiled by the chief editor Wu Xiaolu, **A Course of Listening Comprehension of Intermediate Chinese** compiled by the chief editor Pan Zhaoming, **The Colourful world** compiled by the chief editor lü Wenzhen.

We would hereby like to express our sincere thanks to those who have given us direct or indirect assistance.

In the event of errors having been overlooked, we earnestly invite the users of this bood to put forward their criticism and suggestions.

Compilers
December, 1995

修订版前言

《速成汉语基础教程·综合课本》是《速成汉语初级教程·综合课本》的修订版。在修订过程中，我们保持原教材的优势和特色：

1. 全书共出词语 3600 多个，基本涵盖了《汉语水平词汇与汉字等级大纲》中的甲乙两级词汇，另有一部分丙级词和超纲词，因此，使用本教程的学生通过 HSK 考试的等级较高。

2. 原教材筛选和安排了贴近学生生活、学了就能用的话题，这样的内容学生喜欢学，愿意学。课文语言自然流畅，风趣幽默，能够引起学生的学习兴趣，激发他们的学习积极性。

3. 原教材语法点的讲解基本采用归纳法，课文编写不受语法点的绝对控制，允许冒出新的语法点。多年的教学经验证明，对成年人的汉语教学，首先使他们对各种语言现象形成真切的感性认识，到一定阶段再进行归纳总结，帮助他们上升到理性认识，才符合第二语言教学的规律。

4. 原教材设计的练习大都紧紧围绕课文和当课的语法点，针对当课的重点和难点，能够很好地为教师备课、组织课堂教学、对学生进行语言技能和语言交际技能的训练服务。

原教材使用了十多年，我们也发现一些问题，如有的内容老化过时，有的练习显得臃肿，有的语法点解释过于烦琐等。这次修订，我们做的主要工作有：

1. 为学生使用方便，把原教材的四册拆分为八册。本教程是为短期班零起点的外国学生编写的基础汉语教材。原教材 80 课共四册，每册 20 课，课本厚，内容多，学生短期内学不完，所以不适合短期班学生选择使用。修订后每册 10 课，便于教学单位根据学生实际水平灵活选用。学生能够在短期内学完一册课本，也会很有成就感和满足感。

2. 与时俱进，替换了部分课文。原教材中有些过时的内容都已撤换。另外增加了一些新鲜的词语，如"网吧"、"上网"、"手机"、"短信"、"数码相机"、"MP3"、"电子邮件"等等。

3. 压缩了部分练习。原教材的练习丰富有效，但是受教学时间的限制，课上不能全部完成，短期学生又不宜留过多的家庭作业，因此我们精简了练习项目，有些内容移到了与之配套的《速成汉语基础教程·听说课本》中。

4. 精简了语法点的注释。为贯彻"强化词语教学，淡化句法教学"的原则，考虑到短期学生不一定掌握系统的语法，我们把原教材中过于烦琐的语法注释删去，以便于教师讲解和学生记忆。

修订这套教材，我们总的指导思想是：以语音、词汇、语法、汉字等语言要素的教学为基础，通过课堂教学，帮助学生把语言要素转化为语言技能，进而转化为语言交际技能。为此，我们提出以下教学建议：

1. 由于语音是学生语言能力的门面，也是对外汉语教学的难点之一，我们保留了前 10 课，作为语音集中教学阶段，同时在各课中仍然进行分散的语音训练。希望教师根据学生的发音问题，有选择、有重点、自始至终地加强语音训练。

2. 第一册的重点虽然是语音训练，但教师在突出听说训练的同时，也要重视汉字的认读和书写练习，帮助学生打好汉字基础。

3. 自第二册到第八册，重点是词汇教学。每课生词表里的生词包括课文的生词和练习的生词。两部分生词同等重要。在教学中，希望教师带领学生完成课后的所有练习，并且重视词语的搭配和活用，帮助学生掌握好词语的音、形、义、用。

4. 语法讲解不追求系统性，力求简单明了，从结构入手，重视语义和语用功能的说明。教师可通过图片、动作、影像等各种直观手段展示语法点，再进行机械练习，最后落实到活用上，使学生置身于语言交际的情境中，而不是语法术语和概念中。

5. 课文以话题为中心，为学生提供交际的模式。第一至第四册重点是有关学习、生活方面的交际，从第五册开始逐渐向社会交际过渡，增加介绍中国国情、中国人的观念习俗等文化方面的内容。教师要尽量引导学生以课文为模式，说他们自己想说的话，以此训练学生的思维能力，开发他们的语言潜能，提高交际能力。

6. 教师可采用任务教学法，给学生布置各种交际任务，多组织课堂活动，要求学生使用语言完成交际任务，在使用中学习语言，在交际中学习语言，强化他们学习语言的成就感，激发他们的学习积极性。

《速成汉语基础教程·综合课本》的主编为郭志良和杨惠元，在本教程的修订过程中，张志忠先生修改了部分插图，赵娅修改了部分语法注释的英文翻译，罗斌翻译了前言。

编　者

Preface for the Revised Version

Speed-up Chinese: An Integrated Textbook is the revised version of *Chinese Crash Course* with the following advantages and features reserved:

1. With a vocabulary over 3,600, the book covers the 1st degree and 2nd degree words required by *Syllabus of Chinese Words and Characters*. Words of the 3rd degree and higher are included as well. After learning this course, students are expected to pass the advanced level of HSK.

2. The materials we use are student-centered. The unrevised version provides students with materials from daily life, which can be put into practice immediately after the class. In this way, we believe students would be highly motivated in their language acquisition.

3. We apply inductive method to elaborate the grammar points. We have briefly dealt with the most frequently used grammatical rules and explained them in as non-technical a way as possible. New grammar points are not strictly confined to certain text since long-year teaching experience shows that for adult-learners, a general impression for the language will help them form a stronger foundation for their language learning.

4. The exercises are closely related to the text. The key grammar points are highlighted in the exercises. It is designed to assist teachers to organize in-class activities and consolidate the students' in-class acquisition.

The unrevised version has been in use for over ten years. Great changes have been taken place in the world and also in Chinese language. To make the textbook adapt to the changes, we revise the book. For this revision, our main focus is:

1. For the learners' convenience, we divide the original four volumes into eight. The revised version targets at short-term beginners. The unrevised version includes 80 lessons distributed in four volumes, with each having 20 lessons. While the revised version has 10 lessons for each volume, it can better

suit the needs of short-term beginners.

2. We keep our pace with the times and update the materials. New words, such as Internet café, surf online, cell-phone, text messages are added into the revised version.

3. We remove some of the exercises. The exercises in the unrevised version are affluent. In considering the short learning span, we cut some exercises to suit the short-term learners' needs. A portion of the exercises is transferred to the *Speed-up Chinese: Listening and Speaking*.

4. We simplify the notes and explanations for grammar points. For beginners, emphasis should be put on vocabulary rather than the sentence. We remove some lengthy and complex notes and simplify the explanation to meet the requirements of learners.

Our guideline for the revision is to integrate phonetics, vocabulary, grammar and characters into the textbook and by the designed in-class activities, learners are able to transfer what is in the text into daily use and hence they can improve their language skills. To achieve this goal, we propose the following suggestions for teachers:

1. Pronunciation is a key to language learners' learning and communication success outside the classroom. Accordingly, we reserve the first ten lessons with the focus on pronunciation drills. Pronunciation drills are also distributed in each lesson. We hope that teachers can pay continuous attention to students' pronunciation.

2. Though the first volume focuses on pronunciation drills, Chinese characters should also be involved in class. Teachers should help the students lay a good foundation of Chinese characters.

3. From the second volume to the eighth, the emphasis is on vocabulary. The vocabulary glossary in each lesson includes new words in the text and exercises. Teachers are expected to guide students to finish the exercise; meanwhile, the collocation and variation of the words should also be

emphasized.

4. Teachers are expected to deal with the most frequently used grammatical rules and explained them in as non-technical a way as possible. To achieve this, multi-media assistance, like pictures, body language and videos, can be used in class. In this way, students can be immersed in the language rather than lost in the grammatical jungle.

5. The texts are topic-centered and provide students with communication drills. Volume one to volume four is mainly about campus life. From volume five on, more social talks about Chinese culture, customs and ideas are involved. Teachers are expected to focus on the text and try to open students' mouths, improve their language ability and cultivate their language-learning potential.

6. Teachers can apply task-based approach in class and assign different communication tasks to students. More in-class activities are strongly suggested. Hence, students are able to learn the language through communication and could be motivated by using the language.

Speed-up Chinese: An Integrated Textbook is chiefly-edited by Guo Zhiliang and Yang Huiyuan. Mr. Zhang Zhizhong revised some of the pictures, Zhao Ya revised the English grammar notes and Luo Bin translated the English preface.

Compilers

CONTENTS

第一课　风味小吃 1
　一　课文　Text 1
　二　生词　New Words 3
　三　练习　Exercises 5
　四　语法　Grammar 12

第二课　坐出租车的故事 15
　一　课文　Text 15
　二　生词　New Words 17
　三　练习　Exercises 19
　四　语法　Grammar 25

第三课　我究竟算哪的人呢？ 27
　一　课文　Text 27
　二　生词　New Words 29
　三　练习　Exercises 31
　四　语法　Grammar 37
　五　注释　Notes 38

第四课　友谊是无价的 39
　一　课文　Text 39

1

二	生词	New Words	41
三	练习	Exercises	43
四	语法	Grammar	49

第五课　起名儿　51

一	课文	Text	51
二	生词	New Words	52
三	练习	Exercises	55
四	语法	Grammar	63
五	注释	Notes	63

第六课　北京的胡同　64

一	课文	Text	64
二	生词	New Words	66
三	练习	Exercises	68
四	语法	Grammar	75
五	附件	Appendix	77

第七课　这茶味道不错　79

一	课文	Text	79
二	生词	New Words	81
三	练习	Exercises	84
四	语法	Grammar	89
五	附件	Appendix	90

第八课　写给朋友的一封电子邮件　92

一	课文	Text	92
二	生词	New Words	94
三	练习	Exercises	97

| 四 语法 | Grammar | 102 |
| 五 附件 | Appendix | 104 |

第九课　研究研究 106

一　课文　Text 106
二　生词　New Words 108
三　练习　Exercises 111
四　语法　Grammar 118

第十课　手机点歌送真情 120

一　课文　Text 120
二　生词　New Words 122
三　练习　Exercises 124
四　语法　Grammar 131
五　注释　Notes 133

语法索引（第1册—第6册）
Index of grammar（Book 1—Book 6）......134

练习参考答案　Key to exercises 137

词汇总表　Vocabulary list 147

第一课
风味小吃

 课文　Text

（晚上九点多，电影招待会结束了。王才和彼得走出礼堂，忽然觉得有点儿饿了。他们来到一家小吃店。）

王　才：彼得，今天我请你尝尝风味小吃。

彼　得：小吃？什么是小吃？

王　才：你看，这些都是小吃，你要点儿什么？

彼　得：我都没吃过，你吃什么我吃什么。

王　才：那好，你先找个地方坐下，我来买。

（过了一会儿，王才买来了好几种小吃，放在桌子上）

彼　得：你怎么买了这么多？吃得了吗？

王　才：不多，慢慢吃，每种都尝尝。

彼 得：这种圆的是什么？

王 才：炸糕。这种长的是油条，一种甜的，一种咸的。

彼 得：果然很好吃。

王 才：这是馄饨。你要是觉得淡，可以放点儿酱油；要是喜欢吃酸的，可以放点儿醋。

彼 得：这馄饨跟饺子差不多。

王 才：不太一样。吃饺子没有汤，吃馄饨要连汤一块儿吃。

彼 得：小吃的种类很多吧？

王 才：可不是！一般的小吃店都卖几十种。长的、方的，圆的、扁的，干的、稀的，冷的、热的，你喜欢吃什么，可以任意选择。

彼 得：各地小吃味道是不是不太一样？

王 才：对。南甜、北咸，东辣、西酸，不同地区的人有不同的口味。

彼 得：中国人说："玩儿在上海，吃在广州。"广州的小吃很有特色吧？

王 才：广州人喜欢喝早茶。早上，人们一边喝茶，一边吃各种各样的小点心。他们样样点心都做得非常精致，真是色、香、味、形俱佳。我吃好了，你怎么样？还想

第一课 风味小吃

要点儿什么吗?

彼 得:我也吃饱了,什么也不要了。

王 才:吃得满意吗?

彼 得:满意,满意,吃得真舒服。我来买单吧。

王 才:已经付了。上次是你付的,这次该我了。

生词 New Words

1. 招待会	(名)	zhāodàihuì	reception
招待	(动)	zhāodài	to entertain, to serve
2. 炸糕	(名)	zhágāo	fried cake
炸	(动)	zhá	to fry in deep oil, to deep fry
3. 油条	(名)	yóutiáo	deep fried twisted dough stick
4. 咸	(形)	xián	salty
5. 果然	(副)	guǒrán	really, as expected
6. 馄饨	(名)	húntun	wonton, dumpling soup
7. 淡	(形)	dàn	tasteless, bland, without enough salt
8. 酱油	(名)	jiàngyóu	soy sauce
9. 酸	(形)	suān	sour, acid
10. 醋	(名)	cù	vinegar
11. 种类	(名)	zhǒnglèi	kind, type, variety
类	(名、量)	lèi	kind; type (a measure word)

12. 方	（形）	fāng	square
13. 扁	（形）	biǎn	flat
14. 干	（形）	gān	dry
15. 任意	（副）	rènyì	at will, at discretion
16. 选择	（动）	xuǎnzé	to choose, to select
17. 不同		bù tóng	different, difference
18. 地区	（名）	dìqū	area, district, region
19. 口味	（名）	kǒuwèi	a person's taste, flavor, aste of food
20. 各种各样		gè zhǒng gè yàng	various kinds
21. 精致	（形）	jīngzhì	fine, exquisite, delicate
22. 形状	（名）	xíngzhuàng	shape
形	（名）	xíng	shape, form
23. 俱	（副）	jù	all, completely, entirely
24. 佳	（形）	jiā	good, fine, beautiful
25. 买单		mǎi dān	check out
26. 包子	（名）	bāozi	steamed stuffed bun
27. 消息	（名）	xiāoxi	news, information
28. 计划	（动、名）	jìhuà	to plan; plan
29. 进修	（动）	jìnxiū	to engage in advanced studies
30. 相同	（形）	xiāngtóng	same
31. 区别	（动、名）	qūbié	to distinguish; distinction, difference

32. 安排	（动）	ānpái	to arrange
33. 行动	（动、名）	xíngdòng	to act; action
34. 题目	（名）	tímù	topic
35. 份	（量）	fèn	set, (a measure word)
36. 想法	（名）	xiǎngfǎ	idea, opinion
37. 秘密	（形、名）	mìmì	confidential; secret
38. 嫁	（动）	jià	(of a woman) to marry
39. 馅儿	（名）	xiànr	stuffing, filling
40. 排	（动、名、量）	pái	to arrange, to line; platoon, row; (a measure word)
41. 粽子	（名）	zòngzi	a pyramid-shaped dumpling made of glutinous rice wrapped in bamboo or reed leaves
42. 根	（名、量）	gēn	root, foot, base; (a measure word)
43. 快餐	（名）	kuàicān	fast food, quick meal
44. AA 制	（名）	AA zhì	All apart; Go Dutch

练习 Exercises

（一）语音

1. 辨音辨调

{ gùrán   固然   { rényì   仁义   { bù tóng   不同
{ guǒrán   果然   { rènyì   任意   { pǔtōng   普通

{ jīngzhì 精致   { jīhuà   激化   { bāozi   包子
{ jǐngzhì 景致   { jìhuà   计划   { bàozhǐ   报纸

5

{ jìnxiū　进修
　jīngxiū　精修

{ xiāngtōng　相通
　xiāngtóng　相同

2. 四音节声调

任意选择　　选择工作　　积极安排　　安排参观
正确选择　　选择单位　　重新安排　　安排房间
认真选择　　选择方向　　统一安排　　安排教室
随便选择　　选择机会　　顺利安排　　安排宿舍

排队买饭　　进修英语　　情况相同　　方法不同
排队买票　　进修俄语　　条件相同　　想法不同
排队买菜　　进修法语　　环境相同　　面积不同
排队买肉　　进修汉语　　年纪相同　　内容不同

3. 重音

(1) 谁都喜欢他。
　　我什么消息也没听到。
　　这星期天，我哪儿也不去。
　　他怎么也听不懂。
　　你哪天来都行。

(2) 谁愿意去，谁去。
　　你想说什么，就说什么。
　　你怎么说，我就怎么做。
　　你买多少，我卖多少。
　　哪里有困难，他到哪里去。

(二) 词语

1. 用下列生词至少组成两个短语

(1) 形状_____　_____　(2) 计划_____　_____

（3）想法＿＿＿＿＿　　（4）消息＿＿＿＿＿

（5）秘密＿＿＿＿＿　　（6）区别＿＿＿＿＿

（7）任意＿＿＿＿＿　　（8）招待＿＿＿＿＿

（9）安排＿＿＿＿＿　　（10）精致＿＿＿＿＿

（11）行动＿＿＿＿＿　　（12）题目＿＿＿＿＿

2. 从本课生词表中选择恰当的词语填空

（1）今天早上我在小吃店吃了一个＿＿＿＿＿，两根＿＿＿＿＿和一碗＿＿＿＿＿。

（2）12月31日晚上，学校举行新年＿＿＿＿＿，邀请各国留学生参加。

（3）这件小礼物不太贵，可是做得非常＿＿＿＿＿。

（4）你喜欢吃猪肉＿＿＿＿＿的饺子还是羊肉＿＿＿＿＿的？

（5）＿＿＿＿＿跟饺子不一样。

（6）孙小英＿＿＿＿＿给了彼得的哥哥。

（7）我告诉你一个好＿＿＿＿＿，你这次考试的成绩全班第一。

（8）这是一个＿＿＿＿＿，她谁也不告诉。

（9）他买了一份＿＿＿＿＿，吃完以后马上去教室了。

（10）这个地区的人喜欢吃＿＿＿＿＿的，做什么菜都放醋。

（11）这个商店西服有很多＿＿＿＿＿，你可以任意＿＿＿＿＿。

（12）我＿＿＿＿＿明年夏天再来这里进修。

（13）这两个句子有什么＿＿＿＿＿？

（14）中国人常常用茶来＿＿＿＿＿客人。

（15）四川＿＿＿＿＿的菜很辣，你能吃吗？

（16）这两篇文章内容＿＿＿＿＿，肯定是一个人写的。

（17）春天到了，公园里开满了＿＿＿＿＿的鲜花。

（18）明天你有什么＿＿＿＿＿吗？

（19）这个菜色、香、味、形_____。

（20）端午节那天方老师送给我们每人一个_____。

（21）你的文章的_____是什么？

（22）他们听到这个消息马上_____起来。

（23）请问，买去上海的火车票在哪儿_____队？

（24）昨天看京剧我坐在第五_____。

（25）请大家_____队上车。

3. 用"果然"完成句子

（1）天气预报说今天上午有雨，10点钟_____。

（2）别人说这里的冬天很冷，1月的最低气温是零下20℃，_____
_____。

（3）我想妈妈这个星期一定给我打电话，今天_____。

（4）以前我听说北京的颐和园非常漂亮，今天来到这里，_____
_____。

（5）去年艾米说："明年一定再来中国。"今年夏天_____。

（三）句型

1. 替换

（1）你<u>吃</u>什么我<u>吃</u>什么。

看
要买
喝
戴
听
做
学

（2）A：你去还是他去？

B：谁去都行。

你讲	他讲	谁讲
你介绍	我介绍	谁介绍
问小张	问小李	问谁
帮助小丁	帮助小于	帮助谁
邀请老刘	邀请老周	邀请谁
去故宫	去长城	去哪儿
住二层	住三层	住哪儿
用钢笔	用圆珠笔	用什么
坐公共汽车	坐出租车	坐什么

（3）A：有什么事吗？

B：没有什么事。

安排
计划
打算
规定
决定
区别
想法
消息
结果
秘密

（4）A：谁<u>想去</u>呢？
　　B：没人<u>想去</u>。

想要
想换
想娶她
想嫁给他
想等他
能改变
能解决
能解释
能掌握
能保证

（5）<u>样样点心</u>都非常<u>精致</u>。

个个学生	努力
个个老人	健康
个个小伙子	精神
个个姑娘	美丽
件件衣服	漂亮
支支钢笔	好用
条条大街	干净
篇篇文章	重要
场场比赛	精彩

2. 用括号里的词语改写下列句子

（1）你喜欢的，我也喜欢。（什么）

（2）我买跟你的一样的词典。（什么）

(3) 你买三本，我也买三本。（几）

(4) 你换500美元，我也换500美元。（多少）

(5) 我邀请的人跟你邀请的人相同。（谁）

(6) 我邀请的人跟你邀请的人相同。（哪些）

(7) 你去那儿，我也去那儿。（哪儿）

(8) 你走着去，我也走着去。（怎么）

(9) 你在教室复习，我也在教室复习。（哪儿）

(10) 你在教室复习，我也在教室复习。（什么地方）

(11) 每个人都帮助过我。（谁）

(12) 每个地方我都想去。（哪儿）

(13) 坐车去、骑车去、走着去都行。（怎么）

(14) 明天去、后天去都可以。（哪天）

(15) 这些小吃我都没吃过。（哪种）

(16) 个个题目都很难写。（哪）

（四）成段表达

1. 介绍一两种你们国家的方便食品。
2. 介绍一次去小吃店吃小吃的经历。

（五）阅读

自己的账自己付

　　看完展览已经快12点了。王欢和艾米来到一家小吃店。王欢要了两碗馄饨、两个炸糕、两根油条，还有二两包子。一共八块四。艾米从钱包里拿出四块二交给王欢，说："这是我的饭钱。"

　　这时候，王欢想起了三年前的一件事。

那时候,他在美国的一所大学进修英语。有一次,他们班的一个美国同学邀请他去公园玩儿。他们在湖边一边散步,一边谈话。到了吃晚饭的时候,那位同学说:"王,咱们一起去吃晚饭,好吗?"王欢以为他要请客,就客气地说:"好吧,谢谢你的邀请。"他们走进一家饭馆,每人要了一份快餐。吃完以后,那位美国同学只付了自己的账。这时候,王欢才知道,按照美国人的习惯,请你一起吃饭不是请客,自己的账要自己付,这是 AA 制。

今天,他又遇到了相同的情况。

1. 回答问题

    (1) 王欢为什么想起了三年前的那件事?
    (2) 王欢为什么以为那位美国同学要请客?
    (3) 为什么说王欢又遇到了相同的情况?

2. 朗读课文

语法 Grammar

(一) 疑问代词活用　Extended uses of interrogative pronouns

1. 疑问代词用于任指。用于陈述句,不要求回答。可与副词"都/也"搭配使用。如:

An interrogative pronoun can be used to refer to anyone, anything, any time or any place etc. In this case, it is used in a declarative sentence which does not expect a reply and may be used with the adverb 都 or 也, e.g.:

(1) 谁都帮助过我。
(2) 我这星期天,哪儿也不去。

也可与另一个同形的但表示特指的疑问代词搭配使用，还可与人称代词或指示代词搭配使用。如：

An interrogative pronoun can also be used with another interrogative pronoun of the same form which refers to a definite person, object, time or place etc., or with a personal pronoun or a demonstrative pronoun, e.g.:

(3) 谁了解情况，谁就介绍一下。

(4) 谁了解情况，他就介绍一下。

(5) 哪里有困难，他就到哪里去。

(6) 哪里有困难，他就到那里去。

2. 疑问代词用于虚指。用于陈述句时，不要求回答。如：

An interrogative pronoun can be used in a nominal way. In this case, it is used in a declarative sentence where there is no need for any reply, e.g.:

(1) 我想吃点儿什么了。

(2) 他想去哪儿玩儿玩儿。

但跟疑问语气助词"吗/吧"搭配使用时，则要求回答。如：

When an interrogative pronoun is used with the interrogative interjection 吗 or 吧 in a sentence, a reply is needed, e.g.:

(3) 你有什么事吗？

(4) 他的词典给谁借走了吧？

(二) 量词重叠　Reduplication of measure words

汉语里，大多数量词可以重叠。量词重叠表示周遍意义，强调具有共性的所有个体无一例外。可重叠的量词，如：个、样、只、件、间、把、条、种、张、本、包、辆、封、篇、棵、颗、支、架、双、幅、声、句、层、代、首、片、批、套、场、回、站等。量词的重叠形式可作小主语、状语或定语，经常与"都"连用。如：

In Chinese, most of the measure words can be reduplicated. The reduplication of them indicates inclusiveness and stresses that there is no exception in any of the individuals that share the general character. The measure words which can be reduplicated include: 个、样、只、件、间、把、条、种、张、本、包、辆、封、篇、棵、颗、支、架、双、幅、声、句、层、代、首、片、批、套、场、回、站 and so on. A measure word that is reduplicated can function as a secondary subject, adverbial and attributive, and it is usually used with 都. e.g.:

（1）这些小吃儿样样都很好吃。

（2）比赛的时候，他回回跑第一。

（3）封封来信都充满了热情。

第二课
坐出租车的故事

 课文　Text

一天晚上，山本要参加日本大使馆在北京饭店举行的招待会。招待会7点开始，他不到6点就出门了。在学校门口等了半个小时，还没叫到出租车，他急得心里直冒火。正在这时，一辆浅蓝色的出租车从远处开来，山本连忙招手。

车停了。山本伸手拉开车门，坐进车里。司机微笑着问："先生，去哪儿？"是一个挺和气的小伙子。山本报出地名。

突然，一个尖尖的女声叫了起来："你怎么问他不问我？是我先看见你的车的，是我先招手的，该我先上！"山本愣了，他呆呆地看着这个打扮得很时髦的姑娘。

"那您去什么地方？小姐。"司机很有礼貌地问。姑娘说出了目的地,司机笑着说:"你们俩正好顺路,谁的事也耽误不了。上车吧。"

"我们谁也不认识谁,我怎么能跟他同坐一辆车?"姑娘

大声说。山本推开车门,说:"我确实有急事。既然你路远,车费由我付。小姐,请赶快上车。"这个时髦的小姐掏出一个时髦的钱包,对司机说:"钱,我有的是。但我从来不习惯和不认识的人坐一辆出租车。你请他下去,我多付你钱。"

司机笑了笑,说:"我当然愿意多挣钱。小姐,您也有急事?""没什么事,随便遛遛。"她显得很自信,也很神气。"既然您不急,我就先送这位先生了。您坐别的车吧。"说着,就把车开动了。

到北京饭店时,差5分7点。山本急忙把一张大票递给司机,关上车门连忙往饭店里跑。"先生,还没找您钱呢。"司机下车大声喊。山本猛然站住了,回过头来说:"不用找了。"说完朝司机深深地鞠了一躬。

第二课 坐出租车的故事

生词 New Words

1.	大使馆	(名)	dàshǐguǎn	embassy
	大使	(名)	dàshǐ	ambassador
2.	直	(副、形)	zhí	continuously; straight, frank
3.	冒火		mào huǒ	to burn with anger, to get angry
4.	浅	(形)	qiǎn	shallow
5.	蓝	(形)	lán	blue
6.	招手		zhāo shǒu	to wave
7.	车窗	(动)	chēchuāng	taxi window
8.	伸	(动)	shēn	to stretch, to extend
9.	微笑	(动)	wēixiào	to smile
10.	和气	(形)	héqì	gentle, kind, polite, amiable
11.	报	(动)	bào	to report, to announce
12.	尖	(形)	jiān	shrill, sharp
13.	女声	(动)	nǚshēng	female voice
14.	愣	(动)	lèng	to be taken aback, to become speechless because of astonishment
15.	时髦	(形)	shímáo	fashionable, stylish
16.	礼貌	(名)	lǐmào	politeness
17.	目的地	(名)	mùdìdì	destination
18.	顺	(形)	shùn	in the same direction as, with
19.	顺路	(形、副)	shùnlù	along the same route

17

20. 赶快	（副）	gǎnkuài	in a hurry
21. 掏	（动）	tāo	to fish out, to pull out, to draw out
22. 有的是		yǒudeshì	have plenty of...
23. 遛	（动）	liù	to stroll, to take a walk
24. 显得	（动）	xiǎnde	to seem, to look like
25. 自信	（形、动）	zìxìn	confident; to have self-confidence, to be sure of oneself
26. 神气	（形）	shénqì	cocky, overweening
27. 动	（动）	dòng	to move, to stir
28. 大票	（名）	dàpiào	big bill
29. 猛然	（副）	měngrán	suddenly, abruptly
30. 朝	（介、动）	cháo	towards; to face
31. 深	（形）	shēn	deep
32. 鞠躬	（动）	jūgōng	to bow
33. 联系	（动、名）	liánxì	to relate; relation
34. 消失	（动）	xiāoshī	to disappear, to vanish
35. 根本	（副、名、形）	gēnběn	at all, thoroughly; foundation, base; fundamental, basic
36. 佩服	（动）	pèifú	to admire
37. 同样	（形、连）	tóngyàng	same, equal, similar
38. 平静	（形）	píngjìng	calm, quiet, tranquil
39. 粗重	（形）	cūzhòng	rough, harsh, gruff
粗	（形）	cū	thick

第二课 坐出租车的故事

40. 印象	（名）	yìnxiàng	impression
41. 男声	（名）	nánshēng	male voice
42. 黄	（形）	huáng	yellow
43. 黑	（形）	hēi	black
44. 理	（动）	lǐ	to pay attention to
45. 紫	（形）	zǐ	purple, violet
46. 亲切	（形）	qīnqiè	kind, cordial

▶ ～～～～～～～～～～～ 专名 **Proper Nouns**

1. 朱佳　　　　Zhū Jiā　　　　name of a person, usually a female
2. 徐春兰　　　Xú Chūnlán　　　name of a person, name
3. 和平路　　　Héping Lù　　　Heping Road

 练习　Exercises

（一）语音

1. 辨音辨调

| zhāoshōu | 招收 | chēchuāng | 车窗 | wēixiǎo | 微小 |
| zhāoshǒu | 招手 | chī chuān | 吃穿 | wēixiào | 微笑 |

| lǐmào | 礼貌 | zhìxiè | 致谢 | shēnqǐng | 申请 |
| lǐmiàn | 里面 | zìxìn | 自信 | shénqíng | 神情 |

19

{mángrán 茫然   {dàshī 大师   {liánxì 联系
 měngrán 猛然   dàshǐ 大使   liànxí 练习

{xiāoshī 消失
 xiǎoshí 小时

2. 四音节声调

根本不在	显得自信	微笑服务	佩服小王
根本不爱	显得快乐	微笑谈话	佩服小杨
根本不去	显得神气	微笑招手	佩服小刘
根本不是	显得愉快	微笑握手	佩服小吴
多多联系	联系工作	同样时髦	说出地名
常常联系	联系单位	同样着急	答出地名
早早联系	联系学校	同样漂亮	写出地名
快快联系	联系食宿	同样热闹	报出地名

3. 重音

（1）他疼得直叫。

他高兴得跳了起来。

他激动得说不出话来。

他忙得忘了吃午饭。

（2）急得他出了一头汗。

累得他走不动路了。

渴得他嗓子直冒烟。

饿得他眼睛冒金花。

（二）词语

1. 用下列生词至少组成两个短语

（1）招手＿＿＿＿ ＿＿＿＿ （2）和气＿＿＿＿ ＿＿＿＿

(3) 礼貌＿＿＿＿　＿＿＿＿　　(4) 有的是＿＿＿＿　＿＿＿＿

(5) 猛然＿＿＿＿　＿＿＿＿　　(6) 佩服＿＿＿＿　＿＿＿＿

(7) 印象＿＿＿＿　＿＿＿＿　　(8) 平静＿＿＿＿　＿＿＿＿

2. 从本课生词表中选择恰当的词语填空

(1) 那个小女孩说话的声音真＿＿＿＿＿。

(2) 很多女孩子喜欢＿＿＿＿＿大街，逛商店。

(3) 她从钱包里＿＿＿＿＿出100元。

(4) 我跟他说话，可是他不＿＿＿＿＿我。

(5) 那么大的箱子，你一个人拿得＿＿＿＿＿吗？

(6) 司机打开空调后，让我把＿＿＿＿＿关上。

(7) 开车以后请不要把头＿＿＿＿＿出车外。

(8) 我的心情像湖水一样＿＿＿＿＿。

(9) 我对这件事一点儿＿＿＿＿＿也没有，都忘光了。

(10) 开始上课的时候，你们给老师＿＿＿＿＿吗？

(11) 我们这次旅行的＿＿＿＿＿是西安。

(12) 那个商店的售货员说话＿＿＿＿＿，我喜欢去那儿买东西。

(13) 徐经理做事充满＿＿＿＿＿，做什么事都能成功。

(14) 你看她那＿＿＿＿＿的样子，没有人喜欢她。

(15) 那个孩子没有＿＿＿＿＿，从来不跟别人打招呼。

(16) 小王今天＿＿＿＿＿很高兴，一定遇到了什么好事。

(17) 那种动物从地球上永远地＿＿＿＿＿了。

(18) 小刘今天有约会，她穿得非常＿＿＿＿＿。

(19) 我们大学毕业以后已经20年没有＿＿＿＿＿了，我不知道他现在在哪儿。

(20) 我们国家的＿＿＿＿＿举行招待会，邀请孙校长参加。

(21) 你＿＿＿＿＿走！他们在外边等你呢。

(22) 公园里开满了各种颜色的花儿，有红的、_____的、_____的、_____的，好看极了。

(23) 突然，一个粗重的_____叫了起来："小心汽车！"

(24) 一个黑头发大眼睛的姑娘_____着说："见到您很高兴。"

（三）句型

1. 替换

（1）我们谁也不**认识**谁。

理
佩服
了解
喜欢
照顾
关心
怀疑
笑话
责怪

（2）他**急**得**心里直冒火**。

累	站不起来了
累	走不动了
忙	一点儿空儿也没有
忙	抽不出身来
忙	三天没回家了
忙	连饭也没吃

气	一句话也说不出来
困	吃着饭就睡着了
高兴	跳了起来
高兴	跟孩子一样

(3) 是<u>我先看见你的车</u>的。

我通知他开会
我把窗户打开
我把她送到医院
我先发现他
我最后一个离开这里
他先打了我
他第一个进门
他先提出这个问题
他先跟我打招呼
他把你的车弄坏

2. 用括号里的词语完成句子，注意使用补语

(1) 听到这个好消息，他＿＿＿＿＿＿。（激动）

(2) 得到那么多人的帮助，他＿＿＿＿＿＿。（感动）

(3) 听说这次考试成绩不好，她＿＿＿＿＿＿。（难过）

(4) 小王得了气管炎，夜里＿＿＿＿＿＿。（咳嗽）

(5) 公共汽车上＿＿＿＿＿＿。（挤）

(6) 那个小伙子＿＿＿＿＿＿。（强壮）

(7) 那个孩子＿＿＿＿＿＿。（笨）

(8) 他两天没吃饭，_____。（饿）

(9) 这个地区变化真大，_____。（变）

(10) 考试的时候，她_____。（紧张）

（四）成段表达

1. 讲述一次坐出租汽车的情况。
2. 讲述一次在小饭馆吃饭的情况。

（五）阅读

朱佳送我回学校

  我常坐出租车，曾经遇见各种各样的司机。有一位叫朱佳的姑娘给我留下了很深的印象。

  那是去年冬天的一个晚上，已经快11点了，天下着大雪。因为钱包丢了，身上只有几块钱，我只好坐公共汽车回学校。我在车站等了半天，也没见一个人，我很着急。正在这时，一辆出租车停在我身边。一个姑娘从车窗里伸出头来，亲切地说："小姐，末班车10点50就开走了。坐我的车吧。"我摇了摇头。她大概看出了我的难处，客气地问："你是农业大学的学生吧？"我点点头。"我家住在农大附近，正好顺路，免费送你回去。"说着，她把车门打开，让我上车。

  她一边开车，一边跟我聊天儿。从谈话中，我知道她叫朱佳，今年23岁，高中毕业没考上大学，当了出租车司机。她非常热爱自己的工作，为了更好地为乘客服务，她正在自学英语。她无意中说出她家住在和平路，根本不在农业大学附近。

  朱佳把我送到学校门口。我说："我是澳大利亚留学生，中文名字叫徐春兰，住在5号楼318。你学习英语有什么困难来找我，我可以帮助你。"她微笑着说:"一回生二回熟,三回就是好朋友。以后我们常来常往,多多联系。"她关上车门,对我说了声"再见"就开车走了。我站在雪地里,看着她的车慢慢地消失在冬夜里,心情久久不能平静。

1. 不查词典,根据上下文猜出下列词语的意思

   (1) 末班车——
   (2) 摇头——
   (3) 难处——
   (4) 免费——
   (5) 乘客——
   (6) 自学——
   (7) 无意——
   (8) 常来常往——
   (9) 冬夜——

2. 回答问题

   (1) 开始时徐春兰为什么不想坐出租车回学校?
   (2) 徐春兰在车站等了半天,为什么周围没有人?
   (3) "她大概看出了我的难处。"徐春兰的"难处"是什么?
   (4) 徐春兰知道了朱佳的哪些情况?
   (5) 徐春兰为什么把自己的姓名和住址告诉朱佳?

语法　Grammar

(一) 状态补语 (2)　Complement of state (2)

有一种状态补语,位于结构助词"得"后边,既可用来描写动作、结果的状态,也可用来描写主语的状态。这种状态补语可由形容词或形容词短语充当,也可由动词短语或主谓短语充当。而述语既可由动词充当,也可由形

容词充当。如:

There is a kind of complement of state which is placed after the structural particle 得. It is used to describe the state of the result of an action, or the state of the subject of an action. Adjectives, adjective phrases, verbs as well as S-P phrases can act as this type of complement of state. Both verbs and adjectives can be used as the predicates in such sentences, e.g.:

(1) 他跑得跟兔子一样快。
(2) 他被打得快要死了。
(3) 他累得站不起来了。
(4) 他忙得一点儿空儿也没有。

(二) 主谓谓语句 (4)

Sentence with a subject-predicate phrase (S-P phrase) as its predicate (4)

汉语里,有一种主谓谓语句,大主语和小主语之间具有整体和部分的关系。如:

(1) 我们俩你不认识我,我不认识你。
(2) 我们谁也不认识谁。
(3) 你说的话哪儿也对不上哪儿。

第三课
我究竟算哪儿的人呢?

课文　Text

(王才、丁兰、彼得和艾米在校园里聊天)

彼　得：丁兰，你家在北京吗？

丁　兰：我不是北京人，我家离这儿远着呢。

艾　米：丁小姐中等的个儿，苗条的身材，白白的皮肤，一看就知道是南方姑娘。

王　才：没错，她家在一个著名的旅游区。那儿青山绿水，风景可漂亮了。

丁　兰：钱塘江水从我家门前流过。站在阳台上，就能看见美丽的西湖。

艾　米：我知道了，是杭州。

丁　兰：对了。

艾　米：我敢肯定彼得学习一结束，旅游的头一个目的地就是杭州。

27

彼　得：当然啦，那儿山美水美，人也美，不去太遗憾了！

艾　米：王才，你的家在哪儿？

王　才：你猜猜。

艾　米：你个子不高，长得挺秀气，大概也是南方人吧？

王　才：不对，我是北方人。我的家乡有中外闻名的秦兵马俑，有历史悠久的大雁塔……是中国的六大古都之一。

艾　米：你是西安人？

王　才：是，你去过西安吗？

艾　米：还没去过。下个月我准备去，好好逛逛这座历史名城。

丁　兰：艾米，你是美国什么地方人？

艾　米：这个问题对我来说太难回答了。

王　才：为什么？

艾　米：我是在旧金山出生的，出生后三个月就随父母迁居到国外去了。三年后，又搬回旧金山，接着在费城住了五年，在纽约生活了一年。后来，因为纽约物价上涨，生活费用太高，我爸爸一时失业，一家人又来到加利福尼亚，在一个小镇上租了一套房子……你说，我究竟算哪儿的人呢？

第三课　我究竟算哪儿的人呢？

生词　New Words

1. 着呢	（助）	zhene	(an aspectual particle)
2. 个儿	（名）	gèr	height, stature, size
3. 苗条	（形）	miáotiao	slim, slender
4. 身材	（名）	shēncái	stature, figure
5. 皮肤	（名）	pífū	skin
皮	（名）	pí	skin, fur
6. 著名	（形）	zhùmíng	famous, well-known
7. 风景	（名）	fēngjǐng	scenery, landscape
8. 江	（名）	jiāng	river
9. 流	（动）	liú	to flow, to run, to move
10. 阳台	（名）	yángtái	balcony
11. 头	（词头）	tóu	(prefix) first
12. 秀气	（形）	xiùqi	delicate, fine, elegant
13. 家乡	（名）	jiāxiāng	hometown
14. 塔	（名）	tǎ	tower, pagoda
15. 朝代	（名）	cháodài	dynasty
朝	（名）	cháo	dynasty
16. 首都	（名）	shǒudū	capital
都	（名）	dū	capital, big city
17. 对……来说		duì…lái shuō	to sb./sth., for sb./sth.
18. 随	（动）	suí	to follow, to let
19. 迁居	（动）	qiānjū	to move (house), to change residence
20. 国外	（名）	guówài	abroad, overseas, external

21. 物价	（名）	wùjià	price
22. 涨	（动）	zhǎng	to rise, to go up
23. 费用	（名）	fèiyong	cost, expenses
24. 失业		shī yè	to lose one's job, to be out of work, unemployment
25. 镇	（名）	zhèn	town
26. 租	（动）	zū	to rent
27. 究竟	（副）	jiūjìng	actually, exactly, after all
28. 回忆	（动、名）	huíyì	to recall, to recollect; memory
29. 无论如何		wúlùn rúhé	in any case, whatever happens
30. 分配	（动）	fēnpèi	to distribute, to assign, to allot
31. 采	（动）	cǎi	to pick, to gather
32. 拣	（动）	jiǎn	to pick up, to pick out, to choose, to gather
33. 嘴唇	（名）	zuǐchún	lip
34. 弯	（形、动）	wān	curved, bent; to bend, to flex
35. 眉毛	（名）	méimao	eyebrow, brow
36. 洁白	（形）	jiébái	pure white, white
37. 牙齿	（名）	yáchǐ	tooth
38. 不(是)……而(是)……		bú(shì)…ér(shì)…	not...but...
39. 指	（动）	zhǐ	to point at, to point to, to indicate, to refer to

第三课 我究竟算哪儿的人呢？

40. 头发	（名）	tóufa	hair
41. 不仅	（连）	bùjǐn	not only
42. 仅	（副）	jǐn	only, just
43. 清	（形）	qīng	clear, distinct

专名 Proper Nouns

1. 钱塘江　　　　Qiántáng Jiāng　　　Qiantang River
2. 大雁塔　　　　Dàyàn Tǎ　　　　　　The Wild Goose Pagoda
3. 旧金山　　　　Jiùjīnshān　　　　　San Francisco
4. 费城　　　　　Fèichéng　　　　　　Philadelphia
5. 纽约　　　　　Niǔyuē　　　　　　　New York
6. 加利福尼亚　　Jiālìfúníyà　　　　California
7. 北京外国语大学　Běijīng Wàiguóyǔ Dàxué　Beijing Foreign Studies University

练习 Exercises

（一）语音

1. 辨音辨调

| shēncái | 身材 | chū míng | 出名 | fēngjǐng | 风景 |
| shēngcái | 生财 | zhùmíng | 著名 | fēngjìng | 风镜 |

| yántán | 言谈 | wú jià | 无价 | shīyè | 失业 |
| yángtái | 阳台 | wùjià | 物价 | shíyè | 实业 |

$\begin{cases} \text{huíyì} \\ \text{huìyì} \end{cases}$ 回忆
会议

$\begin{cases} \text{búlùn} \\ \text{wúlùn} \end{cases}$ 不论
无论

2. 四音节声调

首都机场	分配工作	生活费用	南方姑娘
首都剧场	分配宿舍	招待费用	北方姑娘
首都医院	分配时间	学习费用	城市姑娘
首都影院	分配房子	办公费用	农村姑娘

历史悠久	山美水美	长得精神	好吃着呢
历史时期	山青水秀	长得苗条	好听着呢
历史原因	青山绿水	长得好看	好玩着呢
历史名城	千山万水	长得秀气	好看着呢

3. 语调

（1）不去太遗憾了！

不看太遗憾了！

不要太遗憾了！

不住太遗憾了！

（2）这个问题对我来说太难回答了。

这个问题对我来说太难解决了。

这个问题对我来说太难解释了。

这个问题对我来说太难理解了。

（二）词语

1. 用下列生词至少组成两个短语

（1）著名＿＿＿＿＿＿ （2）风景＿＿＿＿＿ ＿＿＿＿

（3）迁居＿＿＿＿＿＿ （4）物价＿＿＿＿＿ ＿＿＿＿

(5) 失业＿＿＿＿ ＿＿＿＿ 　　(6) 回忆＿＿＿＿ ＿＿＿＿

(7) 采　＿＿＿＿ 　　　　　　(8) 拣　＿＿＿＿ ＿＿＿＿

2. 从本课生词表中选择恰当的词语填空

　　(1) 北京是中国的＿＿＿＿＿＿。

　　(2) 这里的＿＿＿＿＿＿真美。

　　(3) 我们学校有很多＿＿＿＿＿＿的教授。

　　(4) 下了课，山本＿＿＿＿＿＿一个跑出教室。

　　(5) 这条小河从山上＿＿＿＿＿＿下来，河水真＿＿＿＿＿＿。

　　(6) 贝拉黄＿＿＿＿＿＿，蓝眼睛，一看就知道是欧洲姑娘。

　　(7) 明天我＿＿＿＿＿＿都要去医院看看张老师。

　　(8) 小孙昨天刚从＿＿＿＿＿＿回来，今天就开始工作了。

　　(9) 这件事使我＿＿＿＿＿＿起小时候的一件事。

　　(10) 这个城市有很多工人＿＿＿＿＿＿了，他们的生活很困难。

　　(11) 站在我家的＿＿＿＿＿＿上可以看见西山。

　　(12) 他说的家乡是＿＿＿＿＿＿老家，不是这里的家。

　　(13) 他用手＿＿＿＿＿＿了一下自己，又＿＿＿＿＿＿了一下外边，意思是他想去外边。

　　(14) 你昨天说去，今天又说不去，你＿＿＿＿＿＿去不去？

　　(15) 学校外边有一个书店可以＿＿＿＿＿＿书，一本书一天一块钱。

　　(16) 他们全家从一个大城市＿＿＿＿＿＿到这个小＿＿＿＿＿＿来了。

　　(17) 这个商店＿＿＿＿＿＿服务态度好，而且＿＿＿＿＿＿便宜。

　　(18) 他＿＿＿＿＿＿不会，＿＿＿＿＿＿粗心，所以这道题做错了。

　　(19) 她的＿＿＿＿＿＿不是不苗条，而是衣服不合适。

　　(20) 这个建筑是哪个＿＿＿＿＿＿修建的，谁也不知道。

　　(21) 我身上＿＿＿＿＿＿有10块钱了。

(三) 句型

1. 替换

（1）丁小姐<u>中等个儿</u>，<u>苗条的身材</u>。

苗条的身材	白白的皮肤
白白的皮肤	高高的个子
高高的个子	大大的眼睛
大大的眼睛	秀气的鼻子
秀气的鼻子	红红的嘴唇
大大的眼睛	弯弯的眉毛
黑黑的头发	白白的皮肤
红红的嘴唇	洁白的牙齿

（2）<u>我家离这儿远</u>着呢。

那个工厂	大
那座山	高
那条路	长
那条河	宽
那儿的物价	贵
那个地方	好玩
那个电影	好看
那件事	麻烦
那个老师	年轻
那个姑娘的身材	苗条

2. 用"着呢"改写句子

　　（1）那个地方特别冷，别去了。

　　（2）外边真凉快，快出来吧。

　　（3）屋子里真暖和，快进来吧。

　　（4）那个公园很大，一天也逛不完。

　　（5）谁说那个地方人少，那个地方人非常多。

　　（6）过春节的时候特别热闹。

　　（7）我渴极了，给我点儿水吧。

　　（8）这中药怎么这么苦，我不想吃了。

　　（9）这个西瓜真甜，快尝尝。

　　（10）那个商店的售货员特别热情，我喜欢去那儿买东西。

（四）成段表达（尽量使用名词谓语句）

1. 描述图片中的这个人。

2. 描述图片中的这个地方。

(五) 阅读

我的家乡在山区

你说得对，我是个老北京了。我是1960年考上北京外国语学院的，就是现在的北京外国语大学。1964年毕业后分配到这里工作。在北京已经生活40多年了，可我还是常常想家。你别误会，我说的家，当然不是指北京的这个家，而是指我的老家。

我的家乡在山区。那里清清的河水，高高的山，一片一片的果树林，一层一层的梯田。我多想回去看看家乡的山山水水呀！

我爱我的家乡，不仅是因为家乡的美丽，还因为那里有我的亲人（qīnrén, one's family members），有我的童年（tóngnián, childhood）。记得小时候常跟伙伴（huǒbàn, partner）们一起玩儿。春天去山上采野花，夏天到河里去摸鱼，秋天拣栗子（lìzi, chestnut），冬天打秋千（dǎqiūqiān, swing）。我多想回去看看小时候的朋友们哪！

是啊，回一趟老家可真不容易，得先坐七八个小时的火车，再换汽车，下了汽车，还得走几十里的山路，麻烦着呢。可是无论如何，我也得回一趟老家。

    1. 解释词语

       （1）老北京——

       （2）老家——

       （3）童年——

       （4）小时候——

       （5）伙伴——

       （6）山路——

2. 根据课文填空

（1）"我"在北京已经生活_____年了。

（2）"我"常想自己的_____。

（3）"我"的家乡在_____。那里_____，一片一片的_____，一层一层_____。风景_____。

（4）"我"和小伙伴们春天_____，夏天_____，秋天_____，冬天_____，玩儿得可有意思了。

（5）"我"回一趟老家很不_____，得先坐_____，再换_____，下了汽车，还得走_____。

（6）虽然回一趟老家_____，可是"我"无论如何也得_____。

3. 朗读课文

语法　Grammar

（一）名词谓语句（2）　Sentence with a noun as its predicate (2)

汉语描写主语所代表的人、事物或处所的状态时，谓语可由名词或名词短语充当。名词短语中的定语多是形容词、数量词。如：

In Chinese, nouns or nominal phrases can be used as predicates to describe the status of people, things or places that function as the subjects. The attributives in the nominal phrases are often adjectives and numeral classifier compound, e.g.:

（1）丁小姐中等个儿，苗条的身材，白白的皮肤。

（2）那儿青山绿水，风景可漂亮了。

（3）桌子前边两把椅子、一个茶几。

注意：否定形式除"不是"外，还有"不"和"没有"。如：

Point for attention：Not only 不是, but also 不 and 没有 are used in the negative forms, e.g.:

(4) 丁小姐不是中等个儿。

(5) 她身材不苗条，皮肤也不白。

(6) 桌子前边没有椅子，也没有茶几。

(二) 动态助词"着呢" The aspectual particle "着呢"

动态助词"着呢"用于形容词或形容词性短语之后，表示程度高，略带夸张意味。如：

The aspectual particle 着呢 is used after adjectives or adjective phrases to indicate a high degree with a tone of exaggeration, e.g.:

(1) 我家离这儿远着呢。

(2) 那条山路难走着呢。

注意：(1) 限于口语。(2) 形容词或形容词性短语前边不能加程度副词，后边也不能带程度补语。

Points for attention：(1) The aspectual particle 着呢 is only used in spoken language. (2) Adjectives or adjective phrases may neither be preceded by adverbs of degree nor followed by complements of de gree.

注释 Notes

六大古都 The Six Ancient Capitals

指北京、西安、开封、洛阳、南京和杭州。

The Six Ancient Capitals refer to Beijing, Xi'an, Kaifeng, Luoyang, Nanjing and Hangzhou.

第四课
友谊是无价的

 课文　Text

最近，王才又交了一个新朋友。他是英国人，名叫吉姆。

说起来很有意思。王才和吉姆成了朋友，是和吉姆的两次感谢分不开的。

第一次是上星期六下午。那天，大风把宿舍门口的自行车全都刮倒了。王才要骑车去买东西，他扶起自己的车，顺便又把旁边的车一辆一辆地扶了
起来。这一切正巧让出门骑车的吉姆看到了。他跑上去，紧紧地握住王才的手，连声表示感谢。

"不用谢！"王才笑着说。

"当然要谢。"

"就因为扶起了几辆自行车吗？这点儿小事谁都能做。"

"你只说对了一半。"吉姆认真地说,"当然,谁也不认为这是件大事。这种小事人人都做得了,可不是所有的人都愿意去做。你说是不是?"

接着,两个人分别做了自我介绍,他们互相认识了。

第二次是前天。王才在一场足球比赛中受了伤,脚疼得很厉害。晚上10点多钟,吉姆来了。他说:"对不起,这么晚了还来打搅你。我刚从外面回来,听说你受了伤,来看看你。这是一盒英国产的止痛膏,效果不错。你贴上试试。"说着,他帮王才脱下袜子,亲手把药

膏贴在他的脚上,并且嘱咐王才:"明天哪儿也别去,在宿舍好好休息。"

王才感动得不知说什么好,他只说了一声:"谢谢你,吉姆!"

"其实,说谢谢的应该是我。"

"为什么?"

第四课　友谊是无价的

　　"因为你是第一个不问价钱就接受我帮助的人。如果你问我这药多少钱，那就说明你还没把我当成朋友。谢谢你把我当成了朋友。"吉姆说完就高兴地告辞了。

　　"是啊，吉姆说得很对。"王才心想，"药是有价的，而真正的友谊是无价的。"

生词　New Words

1. 无	（动）	wú	to have not, there is not, -less
2. 分	（动）	fēn	to divide, to separate
3. 扶	（动）	fú	to straighten sth. up, to support with the hand
4. 正巧	（副）	zhèngqiǎo	just in time, just at the right time, to happen to
5. 连声	（副）	liánshēng	(to say) again and again
6. 所有	（形）	suǒyǒu	all
7. 自我	（代）	zìwǒ	self, oneself
8. 脚	（名）	jiǎo	foot
9. 当天	（名）	dàngtiān	the same day
10. 打搅	（动）	dǎjiǎo	to disturb, to trouble
11. 产	（动）	chǎn	to produce
12. 痛	（形）	tòng	painful, aching
13. 止痛膏	（名）	zhǐtònggāo	pain-killing plaster

14. 效果	（名）	xiàoguǒ	effect, result
15. 脱	（动）	tuō	to take off, to escape from
16. 亲手	（副）	qīnshǒu	with one's own hand, personally
17. 药膏	（名）	yàogāo	ointment
18. 嘱咐	（动）	zhǔfù	to tell, to exhort
19. 价钱	（名）	jiàqián	price
20. 说明	（动、名）	shuōmíng	to explain; explanation
21. 告辞	（动）	gàocí	to take leave
22. 脾气	（名）	píqi	temper
23. 打扰	（动）	dǎrǎo	to disturb, to trouble
24. 复活	（动）	fùhuó	to bring back to life, to revive
复	（副）	fù	again
25. 深情	（形、名）	shēnqíng	soulful; deep affection, profound feeling
26. 衷心	（形）	zhōngxīn	heartful, cordial
27. 召开	（动）	zhàokāi	to convene
28. 会议	（名）	huìyì	meeting
29. 教育	（名、动）	jiàoyù	education; to educate
30. 辛苦	（形）	xīnkǔ	hard, toilsome, laborious
31. 经验	（名）	jīngyàn	experience
32. 勿	（副）	wù	not, no
33. 户	（量）	hù	a measure word
34. 彩色	（形）	cǎisè	colored
35. 彩电	（名）	cǎidiàn	color TV
36. 乡	（名）	xiāng	country, town, village

第四课 友谊是无价的

37. 讨厌	（动）	tǎoyàn	to dislike, to be disgusted with
38. 任何	（代）	rènhé	any, whichever, whatever
39. 害怕	（动）	hàipà	to be afraid, to be scared
40. 海员	（名）	hǎiyuán	sailor, seaman
41. 手指	（名）	shǒuzhǐ	finger
42. 机器	（名）	jīqì	machine
43. 轧	（动）	yà	to run over, to roll
44. 医生	（名）	yīshēng	doctor
45. 劳动	（动）	láodòng	to labor, to work
46. 绣	（动）	xiù	to embroider
47. 朵	（量）	duǒ	(a measure word)

▶ ～～～～～～～～～ 专名　**Proper Nouns**

1. 吉姆	Jímǔ	Jim
2. 英国	Yīngguó	Great Britain

练习 Exercises

（一）语音

1. 辨音辨调

zhēn qiǎo	真巧	liánshēng	连声	dǎjiǎo	打搅
zhèngqiǎo	正巧	luánshēng	孪生	dà jiǎo	大脚

xiǎo huǒ	小火	zhǔfù	嘱咐	píqi	脾气
xiàoguǒ	效果	hùfú	祝福	bíqi	荸荠

43

{ dǎrǎo 打扰　　{ fùhé   复合　　{ shēnqíng 深情
{ dǎsǎo 打扫　　{ fùhuó 复活　　{ shēngqín 生擒

{ zhōngxīn 衷心
{ zhuānxīn 专心

2. 四音节声调

中国医生　　嘱咐小王　　当天上午　　效果很好
韩国医生　　嘱咐小杨　　当天中午　　效果挺好
美国医生　　嘱咐小常　　当天下午　　效果不错
外国医生　　嘱咐小黄　　当天晚上　　效果不好

骑车上班　　自我介绍　　认真地说　　召开大会
骑车上街　　自我教育　　认真地读　　召开茶会
骑车进城　　自我批评　　认真地写　　召开酒会
骑车回家　　自我表扬　　认真地看　　召开班会

3. 语调

(1) 这点儿小事谁都能做。

这点儿小事谁都能干。

这点儿小事谁都能办。

这点儿小事谁都能解决。

(2) 药是有价的，而真正的友谊是无价的。

画儿是有价的，而真正的友谊是无价的。

黄金是有价的，而真正的友谊是无价的。

花儿是有价的，而真正的友谊是无价的。

第四课　友谊是无价的

（二）词语

1. 用下列生词至少组成两个短语

　　（1）所有_____ _____　　（2）亲手_____ _____

　　（3）正巧_____ _____　　（4）教育_____ _____

　　（5）嘱咐_____ _____　　（6）说明_____ _____

　　（7）辛苦_____ _____　　（8）衷心_____ _____

　　（9）经验_____ _____　　（10）辛苦_____ _____

　　（11）讨厌_____ _____　　（12）会议_____ _____

2. 从本生词表中选择恰当的词语填空

　　（1）小黄经常照顾这个_____儿_____女的老人。

　　（2）这个意见不是_____的人都会同意的。

　　（3）对你们的帮助我表示_____的感谢。

　　（4）你吃不了一个面包，_____给我一半吧。

　　（5）那个姑娘在衣服上_____了一朵花。

　　（6）这个工厂从外国进口了一些新_____。

　　（7）_____们在船上工作，他们非常_____。

　　（8）你看，门上挂着"请勿_____"的牌子，彼得可能睡觉了。

　　（9）这几天他总是_____我，真受不了。

　　（10）我父亲的_____不好，他常常跟母亲发_____。

　　（11）这个小镇的每家每_____都买了小汽车。

　　（12）你怎么不问问_____就买？你又上当了。

　　（13）今天我在路上看见汽车_____伤了一个小孩儿。

　　（14）他的手指接上以后全都_____了。

　　（15）我从小时候就喜欢_____，常常帮助父母干活儿。

　　（16）这张_____照片照得真好。

　　（17）我刚要给王才打电话，_____他来了。

　　（18）这种药治感冒_____不错，我吃了三片就好了。

　　（19）我们班的老师都很有_____，教学_____非常好。

（20）我的_____在踢球的时候受了伤。

（21）你要是热就把衣服_____了吧。

（22）这种态度_____你不喜欢他。

（23）教师是做_____工作的人。

（24）我们_____就知道了考试的成绩。

（三）句型

1. 替换

（1）谁都认为<u>这是件大事</u>。

> 这是件好事
> 他是好人
> 他是老实人
> 他是聪明人
> 那儿很安静
> 那本词典很有用
> 这儿条件很好
> 这些产品质量不错

（2）谁也不认为<u>这是件大事</u>。

> 这是件好事
> 他是坏人
> 他应该去
> 他说得对
> 他有道理
> 他没有经验
> 教育不重要
> 教师不辛苦

（3）<u>明天你哪儿也别去</u>。

明天我	哪儿	不去
昨天我	哪儿	没去
明天你	什么	别做
明天我	什么	不做
昨天我	什么	没做
明天你	谁	别告诉
明天我	谁	不告诉
昨天我	谁	没告诉

（4）<u>人人</u>都<u>做得了</u>。

家家	吃饺子
户户	有了汽车
村村	修了公路
乡乡	通了公共汽车
他事事	不顺利
他月月	有进步
他年年	有新的变化

2. 用括号里的词语改写句子

（1）人人都喜欢他的表演。（谁）

（2）任何人都不喜欢战争。（谁）

（3）没有人愿意参加她的生日晚会。（谁）

（4）每个人都讨厌他。（谁）

（5）明天你任何地方也不能去。（哪儿）

（6）这种丝绸任何商店也买不到。（哪儿）

（7）你任何时候来都欢迎。（什么）

(8) 你不要买任何东西。（什么）

(9) 他任何会议都不参加。（什么）

(10) 他任何事情都不害怕。（什么）

（四）按照下列情景，用本课句型谈话

1. 看图说话：《吃在东家，睡在西家》。

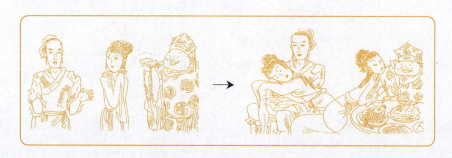

2. 讲一件助人为乐的事

（五）阅读

断指复活

乔治是个外国海员，30多岁，高高的个子。他常到中国来，能说一口流利的汉语。前年夏天，他们的船来到上海。工作的时候，乔治的四个手指被机器轧断了。大家赶紧把他送到附近的医院。

在医院里，乔治着急地对中国医生说："大夫，这是一只劳动的手啊！没有它，我们全家怎么活呀？"医生们安慰他："你放心吧，我们一定把你的手指接上。"手术做得非常成功。乔治的手指接上以后很快复活了，吃饭、写字都没有问题。出院不久，他就回国了。

今年春天，乔治又来到中国。他去医院看望给他做手术的大夫，并且送给他们一件礼物。医生们打开包装一看，原来是一块红布，上面用黄线绣了

"友谊"两个金色的大字。乔治深情地说:"我的这只手是你们给的。我用你们给的这只手绣了两个字,表示对你们衷心的感谢!"

医生们拿着这件珍贵的礼物,心情特别激动。他们珍惜这件礼物,更珍惜乔治对中国人民的友谊。

1. 看一遍以后选择正确答案

(1) 乔治的手指是怎么断的?
A. 被机器轧断的
B. 自己弄断的

(2) "没有它,我们全家怎么活呀?"是什么意思?
A. 没有它,我们全家用什么生活
B. 没有它,我们全家不能生活

(3) 乔治说:"我的这只手是你们给的。"意思是:
A. 中国医生给了他一只手
B. 中国医生治好了他的手

(4) 乔治为什么亲手绣了"友谊"两个字送给中国大夫?
A. 表示对中国医生的衷心感谢
B. 表示他会写汉字

2. 看第二遍后用简单的话说出故事的主要内容

3. 朗读课文

语法 Grammar

(一) 强调的表达法(1) The way to express emphasis(1)

疑问代词表示任指,并跟副词"都/也"搭配使用时,实际上是一种表示强调的方法。这种表达法强调无一例外。如：

When interrogative pronouns indicates anyone, anything, any time, any place or whatever, etc. These interrogative pronouns can be used together with the adverb 都 or 也 in a sentence. Such a sentence is used for emphasis on having no exception, e.g.:

(1) 谁都认为这是件大事。
(2) 明天你哪儿也别去，好好休息。
(3) 没有什么地方他没去过。

(二) 名词重叠　Reduplication of nouns

汉语里有一小部分名词可以重叠。单音节重叠形式为AA，双音节重叠形式为AABB。可重叠的名词，常见的有"人、家、村；天、日、月、年；方面"等。如：

In Chinese, only a small number of nouns can be reduplicated. The way a monosyllabic noun is reduplicated is AA, and that of a disyllabic noun, AABB. The frequently used nouns which can be reduplicated include 人，家，村，天，日，月，年，方面 and so on, e.g.:

(1) 这种小事，人人都做得了。
(2) 他天天晚上听音乐。

第五课　起名儿

 课文　Text

　　王欢的妻子生了个女儿,都快满月了,还没有名儿。一天晚饭后聊天时,王欢建议全家开个会讨论讨论。

　　会上,王欢的妻子强调说:"名字最好是双音节的,好称呼。比如孩子他爸的名字是单音节的,叫他王欢吧,显得生分;叫他欢吧,太难听。"王欢的妹妹  笑着说:"嫂子不愧是语文老师,给孩子起名也讲究音节。"

　　王欢的妻子对公公婆婆是很尊敬的。她先征求他们的意见。王欢的父亲说:"本世纪20年代,人民的生活要全面达到小康水平,叫王小康怎么样?"

　　王欢的妹妹第一个反对:"爸,您不当官了,还想着国家大事，真是难得呀！可是，孩子长到五六十岁，别人还叫他小康，多不好！我建议叫王学艺，长大以后学艺术。"

王欢的母亲不同意："咱们家有你这么一个演员就够乱的了，再添一个演员，那可不得了！哎，要是个男孩子，可以叫王志强。"气氛一下子紧张起来，王欢的妹妹赶紧出来解围："妈，您说什么呀！男孩儿女孩儿都一样。"

王欢的母亲说完也有点儿后悔："我不是那个意思。我是说现在给女孩儿起名很难，再叫什么花呀草的不行了。"

于是，气氛又慢慢地缓和下来了。

这个会开了两个多小时，孩子的名字还是没定下来。最后全家人一致决定，请方教授给孩子起名。

生词 New Words

1. 起名		qǐ míng	to name, to give a name to
2. 满月		mǎn yuè	a baby's completion of its first month of life
3. 讨论	（动）	tǎolùn	to discuss
4. 音节	（名）	yīnjié	syllable
5. 称呼	（动）	chēnghu	to address
6. 生分	（形）	shēngfen	estranged
7. 不愧	（副）	búkuì	to be worthy of, to deserve

8. 语文	(名)	yǔwén	language and literature
9. 讲究	(动)	jiǎngjiu	to pay attention to, to be fastidious about
10. 公公	(名)	gōnggong	father-in-law, husband's father
11. 婆婆	(名)	pópo	mother-in-law, husband's mother
12. 尊敬	(动、形)	zūnjìng	to respect; respectful
13. 征求	(动)	zhēngqiú	to ask for, to seek, to solicit
14. 世纪	(名)	shìjì	century
15. 年代	(名)	niándài	decade of a century, age, time
16. 全面	(形)	quánmiàn	all-sided, all-around
17. 达到		dá dào	to reach, to get to
18. 小康	(形)	xiǎokāng	relatively comfortable
19. 反对	(动)	fǎnduì	to oppose, to combat
20. 官	(名)	guān	official, officer
21. 难得	(形)	nándé	hard to come by, rare
22. 艺术	(名、形)	yìshù	art; artistic
23. 演员	(名)	yǎnyuán	actor or actress, performer
24. 乱	(形)	luàn	in disorder, in a mess, in confusion, random
25. 一下子	(副)	yíxiàzi	all at once, all of a sudden
26. 赶紧	(副)	gǎnjǐn	in a haste, quickly

27. 解围		jiě wéi	to save sb. from embarrassment, to help sb. out of a predicament
28. 后悔	（动）	hòuhuǐ	to regret
29. 缓和	（动）	huǎnhé	to relax, to ease up
30. 一致	（形）	yízhì	consistent, unanimous, showing no difference
31. 继续	（动）	jìxù	to continue, to go on
32. 重视	（动）	zhòngshì	to take sth. seriously, to lay importance to
33. 往往	（副）	wǎngwǎng	often, frequently
34. 反映	（动）	fǎnyìng	to reflect
35. 据说	（动）	jùshuō	it is said
36. 例如	（动）	lìrú	for example, such as
37. 周岁	（名）	zhōusuì	one full year of life
38. 同时	（名、连）	tóngshí	at the same time; meanwhile
39. 高尚	（形）	gāoshàng	noble, lofty
40. 了不起	（形）	liǎobuqǐ	amazing, terrific, great
41. 时代	（名）	shídài	age, era, times
42. 自从	（介）	zìcóng	since
自	（介）	zì	from
43. 至今		zhìjīn	so far, up to now
至	（动）	zhì	up to now, to this day
44. 盼望	（动）	pànwàng	to hope for, to look forward
盼	（动）	pàn	to expect, to long for

45. 道德　　（名、形）　　dàodé　　　　morality; ethics, moral

▶ ～～～～～～～～～～　专名　**Proper Nouns**

1. 王小康　　Wáng Xiǎokāng　　name of a person
2. 王学艺　　Wáng Xuéyì　　　name of a person
3. 王志强　　Wáng Zhìqiáng　　name of a person
4. 孔子　　　Kǒngzǐ　　　　　Confucius
5. 孔鲤　　　Kǒng Lǐ　　　　　son of Confucius

 练习　**Exercises**

（一）语音

1. 辨音辨调

{ yīnjié / yíngjiē }　音节 / 迎接　　{ shēnfen / shēngfen }　身份 / 生分　　{ bú guì / búkuì }　不贵 / 不愧

{ bóbo / pópo }　伯伯 / 婆婆　　{ shíjì / shìjì }　实际 / 世纪　　{ dá dào / dàdào }　达到 / 大道

{ yīshù / yìshù }　医术 / 艺术　　{ yízhì / yìzhí }　一致 / 一直　　{ jīxù / jìxù }　积蓄 / 继续

{ shídài / shítài }　时代 / 时态

2. 四音节声调

讨论问题	参加讨论	讲究卫生	讲究发音
讨论课文	开始讨论	讲究自由	讲究音节
讨论内容	进行讨论	讲究效果	讲究方法
讨论工作	继续讨论	讲究质量	讲究颜色
显得高兴	尊敬老师	继续工作	一致决定
显得亲切	尊敬老人	继续学习	一致同意
显得充分	尊敬领导	继续讨论	一致反对
显得生分	尊敬长辈	继续上课	一致要求

3. 语调

(1) 大内不愧是好学生。
　　嫂子不愧是语文老师。
　　妹妹不愧是当演员的。
　　爸爸不愧是当领导干部的。

(2) 妈，您说什么呀！男孩儿女孩儿都一样。
　　爸，您说什么呀！男孩儿女孩儿都一样。
　　哥，你说什么呀！单音节双音节都一样。
　　姐，你说什么呀！单音节双音节都一样。

(3) 我不是那个意思。
　　我不是那个想法。
　　我不是这个意思。
　　我不是这个想法。

(二) 词语

1. 用下列生词至少组成两个短语

(1) 征求_____ _____　　(2) 反对_____ _____
(3) 继续_____ _____　　(4) 重视_____ _____

（5）反映_____　_____　　　（6）达到_____　_____

（7）后悔_____　_____　　　（8）往往_____　_____

2. 从本课生词表中选择恰当的词语填空

（1）小张真_____，他在运动会上得了四个第一。

（2）今天是我二十二_____生日。

（3）您贵姓？怎么_____？

（4）王欢的妻子是中学的_____老师。

（5）京剧是中国的传统_____。

（6）小王喜欢艺术，他希望当电影_____。

（7）方老师非常孝顺他的父母，是个_____的好人。

（8）喜欢帮助别人是一种_____的精神。

（9）文学要反映新_____的新思想。

（10）我和彼得_____到达北京。

（11）考试可以检查学生的学习情况，_____也检查老师教的情况。

（12）大家都尊敬_____高尚的人。

（13）老师和学生都非常_____这次考试。

（14）你们有很大进步，希望你们_____努力，_____更高的水平。

（15）我真_____当时没听父母的话。

（16）时间快到了，_____走吧。

（17）每个周_____礼堂都演电影。

（18）_____前年他去了法国，_____没给我写信。

（19）小时候的朋友很久没有联系，现在都_____了。

（20）他说了几句笑话，气氛一下子_____下来了。

（21）我们爱好和平，_____战争。

（22）这个地区人民的生活已经达到了_____水平。

(23) 我们都_____收到亲人的来信。

(24) 这个房间太_____了，咱们收拾一下吧。

(25) 孩子都一周岁了，还没给他_____。

3. 把下列句子的"据说"改成"据……说"

(1) 据说这种药效果很好。

(2) 据说明天刮大风。

(3) 据说那个电影很有意思。

(4) 据说地球有46亿年的历史了。

(5) 据说小王结过三次婚了。

(6) 据说西方人认为13是不吉利的数字。

4. 用"例如"完成句子

(1) 在中国，女人的名字多用花呀草的，_____。

(2) 我很喜欢体育运动，_____等，我都喜欢。

(3) 中国有很多名胜古迹，_____。

(4) 我看过不少中国电影，_____。

(5) 艾米会唱很多中国歌，_____。

(6) 中国的水果很便宜，_____，比我们国家便宜多了。

5. 用"往往"或"常常"填空

(1) 他每天下午去图书馆看书，_____一看就是两个小时。

(2) 贝拉_____一个人去游泳。

(3) 希望你_____来我家玩儿。

(4) 他们_____去饭馆吃饭。

(5) 说话_____反映一个人的文化水平。

(6) 你_____去公园吗？

(7) 考试以前，我们_____复习到深夜。

(8) 不锻炼身体的人_____容易感冒。

第五课　起名儿

(三) 阅读

起名的学问

中国人自古至今都很重视起名字。名字往往反映起名的人的文化水平和道德观念，也寄托（jìtuō, to repose in）父母对孩子的理想和希望。

有文化的人起名字很重视音节。一般说来，上一代人名字如果是单音节的，下一代人名字就用双音节；上一代人名字如果是双音节的，下一代人名字就用单音节。同时，姓和名字的声调也很有讲究。中国人的姓和名字连在一起，姓在前，名在后。如果姓是第一、二、三声，名字或名字的第一个音节多用第一、四声的字；如果姓是第四声，名字或名字的第一个音节多用第一、二、三声的字。另外，兄弟姐妹的名字如果是双音节的，第一个音节用相同的字，例如：刘志刚、刘志强、刘志勇、刘志琴等。

中国人认为忠（zhōng, loyalty）、义、礼、智（zhì, wisdom）、信是最高尚的道德，不少人给孩子起名字的时候都喜欢用上这些字，例如王忠、李义、马崇礼、周大智、于宏信等。大家都知道孔子吧，他有个儿子叫孔鲤。据说这个儿子出生的时候，国王送来了一条鲤鱼。国王送东西在当时是件很了不起的事情，为了纪念这件事，孔子给儿子起名叫孔鲤。

名字还能反映时代特点。比如建国、大庆、卫国、跃进、向东、振华、兴华等，一听就知道是什么时候出生的。以前有的人重男轻女，如果先生了一个女孩子，就叫招弟、来弟、梦弟、盼弟等，盼望下一个生男孩儿。现在人们对生男生女的观念改变了，当然也就没有人再叫这些名字了。

1. 根据上下文猜词义

   (1) 自古至今——

   (2) 兄弟姐妹——

   (3) 重男轻女——

   (4) 国王——

   (5) 鲤鱼——

2. 查词典，说说下列名字的意思

(1) 王忠——

(2) 李义——

(3) 马崇礼——

(4) 周大智——

(5) 于宏信——

(6) 张建国——

(7) 孙大庆——

(8) 陈卫国——

(9) 宋国庆——

(10) 赵跃进——

(11) 郑文革——

(12) 朱向东——

(13) 常振华——

(14) 杨兴华——

(15) 方招弟——

(16) 刘盼弟——

(四) 功能会话：听后模仿

1. 询问职业

(1) A：贝拉的哥哥做什么工作？

B：他是大学老师。

(2) A：艾米的爸爸做什么工作？

B：他在美国一所大学教汉语。

(3) A：他是干什么的？

B：他是经商的。

（4）A：那个人是干什么的？

　　　B：他是打篮球的。

2. 询问经历

（1）A：你以前吃过烤鸭吗？

　　　B：我以前吃过烤鸭。

（2）A：你去过长城吗？

　　　B：去过。

（3）A：你访问过孙教授吗？

　　　B：访问过。

（4）A：你去过杭州吗？

　　　B：去过，那儿青山绿水，风景可漂亮了。

3. 询问动量

（1）A：你去过几次长城？

　　　B：两次。

（2）A：你访问过他几次？

　　　B：我访问过他一次。

4. 询问比价

（1）A：今天美元对人民币的比价是多少？

　　　B：100美元兑换714块人民币。

（2）A：今天英镑对人民币的比价是多少？

　　　B：14。

5. 询问动作者（2）

（1）A：谁最后一个走的？

　　　B：我最后一个走的。

(2) A：是谁把窗户打开的？

　　B：是我把窗户打开的。

(3) A：谁把那个老人背下了山？

　　B：王才把那个老人背下了山。

(4) A：你的词典让谁拿去了？

　　B：我的词典让艾米拿去了。

(5) A：贝拉的小闹钟谁给取回来了？

　　B：贝拉的小闹钟山本给取回来了。

(6) A：你的照相机谁给弄坏了？

　　B：我的照相机弟弟给弄坏了。

6. 询问动作对象（2）

(1) A：他把本子交给谁了？

　　B：他把本子交给孙老师了。

(2) A：你还要点儿什么吗？

　　B：不要了。

7. 要求证实（2）

(1) A：听说有的女人对丈夫管得很严，是这样吗？

　　B：是这样。

(2) A：听说中秋节也叫团圆节，是吗？

　　B：汉族人把月圆看做团圆的象征，因此，中秋节也叫团圆节。

(3) A：学外语不能怕丢面子，怕丢面子就学不好外语，你说是吧？

　　B：的确是这样。

(4) A：这两位是你的父亲、母亲，我没说错吧？

　　B：没错。

(5) A：怎么，把烟戒了？

　　B：对，我已经戒了半个月了。

第五课　起名儿

语法　Grammar

宾语的成分　Elements of object

宾语可由名词或名词短语、代词、数量词、"的"字短语等充当，也可由形容词或形容词短语、动词或动词短语以及主谓短语等充当。如：

The elements which can act as objects are as follows: nouns, nominal phrases, pronouns, numeral-classifier compounds, 的 -phrases, adjectives, adjective phrases, verbs, verbal phrases and subject-predicate phrases, e.g.:

（1）你天天看报吗？
（2）我也认识这个人。
（3）你在等谁？
（4）我只买两斤。
（5）这些书都是他借的。
（6）我认为不错。
（7）这个星期天，你打算去哪儿玩儿？
（8）我觉得这样做不太合适。

注释　Notes

孔子　Confucius

孔子（公元前551—公元前479），中国春秋时期鲁国（今山东省曲阜市东南）人，是中国历史上著名的思想家、政治家、教育家。孔子的学说对中国两千多年的文化影响极大。

Confucius（B. C. 551—B. C. 479） born in Lu State（in the southeast of Qufu County in Shandong Province today）in the Spring and Autumn Period in ancient China. He was a famous thinker, statesman and educator in the history of China. And his theories have a great influence upon the Chinese culture for more than 2000 years.

第六课
北京的胡同

课文　Text

　　一天晚上,贝拉看了一个《逛胡同看北京》的电视节目。主持人说:"不去北京的胡同转转,就不能算是了解了北京。"这个节目引起了她对北京胡同的浓厚兴趣。

(第二天下午,贝拉来到方龙老师的办公室。)

贝　拉:方老师,昨天晚上我看了一个介绍北京胡同的电视节目,有关这方面的知识,请您给我介绍介绍,好吗?

方　龙:好。胡同是城市里的小街道。中国古代和现在南方一些地方把它叫"巷",上海人把它叫"里弄",北京和北方其他一些城市把它称做"胡同"。大约从元朝起,就有了"胡同"这个词。经过元、明、清三个朝代,北京的胡同数目

第六课　北京的胡同

大大增加。老北京人说:"有名儿胡同三百六,无名儿胡同似牛毛。"意思是说,一条一条的胡同数不清。

贝　拉:那到底有多少呢?

方　龙:我读过一本专门研究北京胡同的书,书上说北京城区有1320条胡同。

贝　拉:这么多呀!

方　龙:是啊,北京的胡同很有特色。墙连墙,房连房;正南正北,正东正西,排列整齐,好像灰色的波浪。千百条胡同有的长有的短,有的宽有的窄。名称也五花八门:有说明行业的,有以历史古迹得名的,也有用历史人物命名的。每条胡同都有自己的历史、自己的故事。它记录了北京的变迁,反映了北京经济文化的发展。有人说,胡同是北京一笔丰富的文化遗产,是一部百科全书,这话一点儿也不夸张。

贝　拉:怪不得那位电视主持人说"不逛逛胡同,不算了解北京"呢。

生词 New Words

1. 胡同	（名）	hútòng	lane, alley
2. 主持	（动）	zhǔchí	host, preside over, chair
3. 引起	（动）	yǐnqǐ	to arouse, to cause, to give rise to
4. 浓厚	（形）	nónghòu	deep, strong, thick
浓	（形）	nóng	thick, dense
5. 有关	（动）	yǒuguān	to relate to, to have sth. to do with
6. 街道	（名）	jiēdào	street, neighborhood
7. 巷	（名）	xiàng	lane, alley
8. 里弄	（名）	lǐlòng	lane
9. 称	（动）	chēng	to call, to name
10. 从……起		cóng…qǐ	since
11. 数目	（名）	shùmù	number, amount
12. 似	（动）	sì	to appear, to seem
13. 毛	（名）	máo	wool, hair, feather
14. 正	（形）	zhèng	situated in the middle, main, straight, upright
15. 排列	（动）	páiliè	to arrange, to range
16. 灰	（形）	huī	grey
17. 波浪	（名）	bōlàng	wave
18. 窄	（形）	zhǎi	narrow
19. 名称	（名）	míngchēng	name

20. 五花八门		wǔhuā-bāmén	of a wide variety, multifarious
21. 行业	（名）	hángyè	trade, profession
22. 以	（介、连）	yǐ	according to
23. 人物	（名）	rénwù	figure, personage
24. 命名		mìng míng	to name, to be named after
25. 记录	（动、名）	jìlù	to take notes, to record; record
26. 变迁	（动）	biànqiān	to change
27. 笔	（量）	bǐ	a measure word
28. 丰富	（形）	fēngfù	rich, abundant
29. 遗产	（名）	yíchǎn	heritage, inheritance
30. 百科全书		bǎikē quánshū	encyclopedia
31. 夸张	（动、名）	kuāzhāng	to exaggerate; exaggeration
32. 由于	（介、连）	yóuyú	because of; because
33. 项目	（名）	xiàngmù	item, project
34. 新鲜	（形）	xīnxiān	fresh
35. 改造	（动）	gǎizào	to reform, to transform
36. 风俗	（名）	fēngsú	custom
37. 亲自	（副）	qīnzì	in person, oneself
38. 呼吸	（动）	hūxī	to breathe
呼	（动）	hū	to call, to shout, to breathe out
39. 细	（形）	xì	thin, slender, fine
40. 脏	（形）	zāng	dirty

41. 作用	（名、动）	zuòyòng	effect, function; to affect. to act on
42. 感兴趣		gǎn xìngqù	to be interested in
43. 越来越……		yuè lái yuè…	more and more
44. 加	（动）	jiā	to add
45. 井	（名）	jǐng	well

▶ ～～～～～～～～～～～ 专名　Proper Nouns

1. 元朝	Yuán Cháo	Yuan Dynasty
2. 明（朝）	Míng (Cháo)	Ming Dynasty
3. 清（朝）	Qīng (Cháo)	Qing Dynasty

练习　Exercises

（一）语音

1. 辨音辨调

{ hútòng　胡同　　{ hányè　寒夜　　{ yóuyú　由于
{ huódòng　活动　　{ hángyè　行业　　{ yōuyù　忧郁

{ xiàngmù　项目　　{ fēnfù　吩咐　　{ xìnxiāng　信箱
{ xiàngmào　相貌　　{ fēngfù　丰富　　{ xīnxiān　新鲜

2. 四音节声调

主持晚会　　改造技术　　新鲜空气　　食品丰富
主持讨论　　改造设备　　新鲜猪肉　　产品丰富
主持考试　　改造社会　　新鲜鸡蛋　　展品丰富
主持比赛　　改造世界　　新鲜蔬菜　　水果丰富

3. 语调

(1) 那到底有多少呢?

那到底有多远呢?

那到底有多大呢?

那到底有多重呢?

(2) 这么多呀!

这么大呀!

这么高哇!

这么长啊!

(二) 词语

1. 连线并朗读

一条　　　　　整齐

引起　　　　　奇特

有关　　　　　胡同

排列　　　　　空气

文化　　　　　兴趣

风俗　　　　　人物

内容　　　　　项目

亲自　　　　　单位

新鲜　　　　　参加

主要　　　　　困难

旅游　　　　　丰富

呼吸　　　　　遗产

2. 从本课生词表中选择恰当的词语填空

（1）这个城市的_____没有北京宽，都很_____。
（2）小刘说的问题很重要，_____了大家的注意。
（3）北京胡同的_____太多了，很难数清楚。
（4）我们还邀请了学校的_____领导参加今天的晚会。
（5）这条胡同是以一个历史人物的名字_____的。
（6）白老师做的面条细_____头发。
（7）外面下起了牛_____细雨。
（8）这本小说记录了这个城市的_____。
（9）这个班里充满了_____的学习气氛。
（10）陈平想当电视节目的_____人。
（11）你说得太_____了！这里的物价怎么比纽约贵？
（12）你的衣服_____了，脱下来洗洗吧。
（13）他父亲给他留下了很多_____。
（14）这篇文章的内容非常_____。
（15）那个病人_____越来越困难了。
（16）马校长_____把我们送到火车站。
（17）我对体育不_____，什么运动_____也没参加。
（18）这些水果很_____，也不太贵。
（19）电话在人民生活中起着越来越大的_____。
（20）这个城市应该_____交通，加宽街道，修建立交桥。

3. 用"由于"完成句子

（1）_____，我没参加比赛。
（2）_____，我的考试成绩不太好。
（3）_____，我常常感冒。
（4）_____，我得马上回国。
（5）_____，所以我们迟到了。
（6）_____，因此取得了好成绩。

第六课　北京的胡同

4. 用"越来越……"完成句子

　　(1) 现在是 11 月了，天气＿＿＿＿＿＿。

　　(2) 你的女儿＿＿＿＿＿＿。

　　(3) 那些老人每天运动，又唱歌又跳舞，好像＿＿＿＿＿＿。

　　(4) 我们学的生词＿＿＿＿＿＿。

　　(5) 丁兰对书法＿＿＿＿＿＿。

　　(6) 这里的变化＿＿＿＿＿＿。

5. 读下列句子，注意"加"的用法

　　(1) A：二加三得几？　　　　　B：二加三得五。

　　(2) A：四十加六十得多少？　　B：四十加六十得一百。

　　(3) A：你把这个数字加上了吗？　B：我把这个数字加上了。

　　(4) 你要是住那个房间得加钱。

　　(5) 你的汽车该加油了。

　　(6) 我们班又加了两个学生。

　　(7) 这条街道太窄了，应该加宽。

　　(8) 你这样做加大了困难。

（三）句型

1. 替换

　　(1) <u>操场上</u>一<u>个人</u>也没有。

墙上	画儿（张）
路上	汽车（辆）
书架上	书（本）
教室里	学生（个）
钱包里	钱（块）
这篇课文	生词（个）
这个村子	井（眼）
这间房子	窗户（个）

(2) <u>世界公园</u>我一<u>次</u>也没<u>去</u>过。

外国电影	部	看
外文小说	本	读
百科全书	本	买
广东菜	次	吃
这种茶	次	喝
这件衣服	次	穿
这台电脑	次	用
北京的胡同	次	参观

(3) <u>这话</u>一点儿也不<u>夸张</u>。

我	后悔
小王	聪明
这个孩子	傻
这个电影	好看
那个售货员	热情
这儿的夏天	热
这儿的冬天	冷
今年的春节	热闹

(4) <u>北京的胡同</u>有的<u>长</u>有的<u>短</u>。

这个城市的街道	宽	窄
这些房子	高	矮
这些树	粗	细
这些苹果	大	小
这儿的厕所	干净	脏
这些练习	难	容易
这些服务员	热情	不热情
这些文章	重要	不重要

第六课　北京的胡同

（5）<u>北京人</u>把<u>小的街道</u>称做<u>胡同</u>。

南方人	胡同	巷或小巷
上海人	胡同	里弄或弄堂
中国人	婚姻介绍人	红娘
西方人	长城	伟大的墙
西方人	颐和园	夏宫
人们	故宫	紫禁城（Zǐjìnchéng）

2. 选择正确的回答

（1）操场上怎么一个人也没有？　　　　（　　）

（2）你常看外国电影吧？　　　　　　　（　　）

（3）这儿的冬天是不是很冷？　　　　　（　　）

（4）你说的是不是太夸张了？　　　　　（　　）

（5）这篇课文生词多吗？　　　　　　　（　　）

（6）你害怕了吧？　　　　　　　　　　（　　）

（7）房子周围有树吗？　　　　　　　　（　　）

（8）你怎么一口咖啡也不喝？　　　　　（　　）

a. 我说的一点儿也不夸张。

b. 我一点儿也不害怕。

c. 这儿的冬天一点儿也不冷。

d. 都去礼堂看电影去了。

e. 房子周围一棵树也没有。

f. 这篇课文一个生词也没有。

g. 外国电影我一个也没看过。

h. 我不喜欢苦的味道。

(四) 阅读

逛 胡 同

"胡同"这个词,据说是从蒙古语借过来的,本义是水井,借过来以后表示有水井的小街道。水在城市人民的生活中起着非常重要的作用。过去,北京的胡同里一般都有水井,有的一眼,有的两眼,还有的三眼四眼。现在自来水代替了井水,所以水井就很难见到了。

北京城区和近郊区过去大约有3000条胡同,由于房屋和街道的改造,现在只有大约一千三百多条了。再过十年二十年,北京的胡同就更少了。要想了解北京胡同现在的状况和历史的变迁,了解北京人的生活和风俗习惯,就得亲自去胡同转转,看看胡同里的四合院,跟住在那里的老北京人聊聊。

北京有些旅游公司开设了"胡同游"的项目。如果你对北京的胡同感兴趣,就坐上三轮车去逛逛吧。北京的胡同有的长,有的短,有的宽,有的窄,有的笔直笔直,有的弯弯曲曲。坐在三轮车上一边参观,一边听介绍,既呼吸新鲜空气,又增长知识,真是一种难得的乐趣。

1. 根据上下文猜词义

    (1) 本义——
    (2) 一眼水井——
    (3) 自来水——
    (4) 开设——
    (5) 三轮车——
    (6) 笔直——
    (7) 乐趣——

2. 回答问题

    (1) "胡同"这个词是从哪儿来的?本义是什么?

（2）现在为什么很难见到水井了？

（3）北京的胡同为什么越来越少？

（4）参观胡同可以了解什么？

（5）北京有些旅游公司开设了什么项目？

（6）为什么说坐三轮车逛胡同是一种难得的乐趣？

3. 朗读课文

语法　Grammar

（一）强调的表达法（2）　The way to express emphasis（2）

"一 + 量词（+ 名词）+ 也／都 + 不／没 + 形容词／动词"这种格式用来表示强调。这种表达法是通过对下限的否定来否定总体，强调完全否定。如：

The construction "一 + measure word（+ noun）+ 也／都 + 不／没 + adjective／verb" is used for emphasis, which negates the minimum in order to negate the entirety. It stresses a complete negation, e.g.:

（1）操场上一个人也没有。

（2）到这儿以后，我一部电影也没看过。

（3）世界公园我一次都没去过。

（4）这话一点儿也不夸张。

（二）数量词重叠　Reduplication of numeral-classifier compounds

数词与量词构成的数量词可以重叠。

Numerals-classifier compounds can be reduplicated.

数词为"一"时，可与物量词一起重叠，也可与动量词一起重叠。

When the numeral is 一, it can be reduplicated together either with measure words of objects or with measure words of action.

"一"与物量词一起重叠时,可作定语,也可作状语。作定语时,强调事物接连不断,数量多;作状语时,强调以个体为单位依次进行某种活动。如:

When 一 and a measure word of object are reduplicated together, they can act as an attributive or adverbial. When acting as an attributive, they emphasize rapid succession and abundance. When used as an adverbial, they stress the idea that individuals proceed in proper order in a certain activity.

(1)一条一条的胡同数不清。

(2)他们一个一个地进去了。

"一"与动量词一起重叠时,一般作状语,多强调连续不断地进行某种活动。如:

When 一 and a measure word of action are reduplicated together, they usually act as an adverbial, emphasizing successive progresslon of a certain activity.

(3)我一遍遍地念课文。

(4)他一次一次地喊我。

大于"一"的数词与物量词一起重叠时,只能作状语,强调分组进行某种活动。如:

When a numeral which is more than 一 is reduplicated together with measure words of objects, they can only act as an adverbial, stressing taking part in a certain activity in groups.

(5)你们两个两个地进去!

(6)你们三个三个地讨论这些问题。

(7)你们五个五个地排整齐!

中国历史年代简表

A Brief Chinese Chronology

夏 Xià	约公元前21世纪—前16世纪
商 Shāng	约公元前16世纪—前11世纪
西周 Xī Zhōu	约公元前11世纪—前771年
东周 Dōng Zhōu — 春秋 Chūnqiū	公元前770年—前476年
东周 Dōng Zhōu — 战国 Zhànguó	公元前475年—前221年
秦 Qín	公元前221年—前206年
西汉 Xī Hàn	公元前206年—25年
东汉 Dōng Hàn	公元25年—220年
三国（魏、蜀、吴）Sān Guó（Wèi、Shǔ、Wú）	公元220年—280年
西晋 Xī Jìn	公元265年—317年
东晋 Dōng Jìn	公元317年—420年

续表

南 北 朝 Nán-Běi Cháo	公元 420 年—589 年
隋 Suí	公元 581 年—618 年
唐 Táng	公元 618 年—907 年
五 代 Wǔ Dài	公元 907 年—960 年
宋（北 宋、南 宋） Sòng（Běi Sòng、Nán Sòng）	公元 960 年—1279 年
辽 Liáo	公元 907 年—1125 年
金 Jīn	公元 1115 年—1234 年
元 Yuán	公元 1271 年—1368 年
明 Míng	公元 1368 年—1644 年
清 Qīng	公元 1636 年—1911 年

第七课　这茶味道不错

课文　Text

（一）

（丁兰、大内上子和金汉成在茶馆里喝茶）

大　内：这茶味道不错。连我这很少喝茶的人也喝了好几杯。

金汉成：这就是普通的茉莉花茶，质量一般。一斤超不过100块钱。

大　内：看不出来，你对中国茶还有点儿研究呢。

金汉成：研究谈不上。要说中国的名茶，我差不多都品尝过。

丁　兰：是吗？你都喝过哪些名茶？

金汉成：杭州的龙井、江苏的碧螺春、安徽黄山的毛峰、福建的乌龙茶、云南的红茶等等，我都尝过。

丁　兰：金汉成简直成了饮茶专家了。

金汉成：不敢当。不过，我确实爱读有关茶文化的书。记得有一篇文章说，茶的味道跟沏茶的水有很大关系。最好的水是山泉，其次是井水，城里的自来水就差点儿。

丁　兰：你们去过我的家乡杭州吗？坐在西湖的茶园里，用虎跑泉的水沏一杯龙井茶，那真是人生一大享受。

大　内：一个朋友对我说，虎跑泉的水是上等矿泉水，硬币能浮在水面上不下沉。

金汉成：是吗？那下个月我就去杭州，游西湖，喝龙井，再尝尝那儿的醋鱼。

大　内：每天上课你都带着一杯茶水，是什么好茶？

金汉成：我喝的茶对健康有好处。

丁　兰：什么好处？

金汉成：减肥。

（二）

茶最早产于中国。据说，中国人种植茶树已有四千多年的历史了。

第七课　这茶味道不错

中国人喜欢喝茶，而且已经成为一种传统习惯。喝茶不仅为了解渴，还因为茶有多种功能。饭后喝杯茶，可以助消化；困了喝杯茶，可以提精神。此外，喝茶还可以解毒，增加人体的维生素C。

中国地方大，人多，各地区、各民族喝茶的习惯不太一样。北方人一般爱喝花茶，南方人大多喜欢喝绿茶。如果去西藏旅游，藏民们会为你献上一碗酥油茶。如果在内蒙牧民家里做客，他们会给你端来一杯又甜又酸的奶茶。

早在一千五百年以前，中国的茶叶就往外国出口了。很多国家语言里的"茶"都是从汉语的"茶"或者"茶叶"音译过去的。日语的"茶"字跟汉语的"茶"字一样。英语的"tea"，是从福建话里"茶"的发音音译过去的。

生词　New Words

1. 茶馆	（名）	cháguǎn	tea house
2. 茉莉	（名）	mòlì	jasmine
3. 花茶	（名）	huāchá	jasmine tea
4. 超过	（动）	chāoguò	to exceed, to surpass
5. 红茶	（名）	hóngchá	black tea
6. 龙井	（名）	lóngjǐng	name of a kind of tea
7. 碧螺春	（名）	bìluóchūn	name of a kind of tea

8.	毛峰	（名）	máofēng	name of a kind of tea
9.	简直	（副）	jiǎnzhí	simply, at all, virtually
10.	饮	（动）	yǐn	to drink
11.	专家	（名）	zhuānjiā	expert
12.	泉	（名）	quán	spring
13.	其次	（连、名）	qícì	next, secondly
14.	自来水	（名）	zìláishuǐ	tap water, running water
15.	茶园	（名）	cháyuán	tea plantation
16.	享受	（动）	xiǎngshòu	to enjoy
17.	上等	（形）	shàngděng	first-class, first-rate
18.	矿泉水	（名）	kuàngquánshuǐ	mineral water
19.	硬	（形）	yìng	hard, tough, firm
20.	硬币	（名）	yìngbì	coin
21.	浮	（动）	fú	to float, to swim
22.	面	（名）	miàn	face, surface, top, side
23.	沉	（动）	chén	to sink
24.	于	（介）	yú	from, in
25.	功能	（名）	gōngnéng	function
26.	消化	（动）	xiāohuà	to digest
27.	成为	（动）	chéngwéi	to become
	为	（动）	wéi	to act, to become
28.	毒	（名）	dú	poison
29.	人体	（名）	réntǐ	human body
30.	维生素	（名）	wéishēngsù	vitamin

31.	绿茶	（名）	lǜchá	green tea
32.	献	（动）	xiàn	to offer, to dedicate
33.	酥油	（名）	sūyóu	butter
34.	牧民	（名）	mùmín	herdsman
35.	奶茶	（名）	nǎichá	tea with milk
36.	茶叶	（名）	cháyè	tea-leaves
37.	出口	（动）	chūkǒu	to export
38.	音译	（动）	yīnyì	to transliterate
39.	总之	（连）	zǒngzhī	in a word, in short, in brief
40.	缺少	（动）	quēshǎo	to lack, to be short of
41.	交流	（动）	jiāoliú	to exchange, to interchange
42.	洽谈	（动）	qiàtán	to talk over with, to discuss together
43.	曲艺	（名）	qǔyì	Chinese folk art forms
44.	信息	（名）	xìnxī	information
45.	场所	（名）	chǎngsuǒ	place, arena
46.	壶	（名、量）	hú	pot, kettle; (a measure word)
47.	聚会	（动）	jùhuì	to get together
48.	老百姓	（名）	lǎobǎixìng	ordinary people

▶ 专名　Proper Nouns

1.	江苏	Jiāngsū	name of a province
2.	安徽	Ānhuī	name of a province

3. 黄山	Huáng Shān	Huangshan Mountain
4. 福建	Fújiàn	name of a province
5. 云南	Yúnnán	name of a province
6. 虎跑泉	Hǔpǎo Quán	Hupao Spring
7. 西藏	Xīzàng	Tibet
8. 藏民	Zàngmín	Tibetan
9. 内蒙	Nèiměng	Inner Mongolia
10. 老舍	Lǎo Shě	name of a famous writer

练习 Exercises

（一）语音

1. 辨音辨调

{ huāchá　　花茶　　{ měilì　　美丽　　{ zhuānjiā　　专家
{ hóngchá　　红茶　　{ mòlì　　茉莉　　{ zhuāngjia　　庄稼

{ xiàohuà　　笑话　　{ zōngzhǐ　　宗旨　　{ xìnxī　　信息
{ xiāohuà　　消化　　{ zǒngzhī　　总之　　{ xìnxīn　　信心

2. 四音节声调

医学专家　　产于中国　　缺少经验　　交流经验
哲学专家　　产于韩国　　缺少知识　　交流情况
法学专家　　产于美国　　缺少设备　　交流文化
数学专家　　产于泰国　　缺少技术　　交流技术

（二）词语

1. 连线并朗读

   茉莉　　　　水面

   饮茶　　　　幸福

   上等　　　　花茶

   享受　　　　福建

   浮在　　　　专家

   产于　　　　艺术家

   解　　　　　矿泉水

   多种　　　　节目

   洽谈　　　　功能

   交流　　　　生意

   人民　　　　毒

   曲艺　　　　信息

2. 从本课生词表中选择恰当的词语填空

   （1）我们的校长是一位教育_____。

   （2）黄山毛峰是_____绿茶。

   （3）这里的风景_____太美了。

   （4）饭后吃水果可以帮助_____。

   （5）我最喜欢熊猫，_____是猴子。

   （6）饭后听听音乐是人生的一大_____。

   （7）维生素C是人体不可_____的。

   （8）公园是人们休息的_____。

   （9）这台电脑有多种_____。

   （10）水面上_____着一只小船。

（11）汉语里很多名称是_____的，例如"可口可乐"，"因特网"等。

（12）他们的产品大部分_____外国。

（13）他正在跟客人_____生意。

（14）_____们生活在大草原上，他们喜欢喝_____。

（15）孩子们把鲜花_____给外国客人。

（16）我很喜欢看_____节目。

（17）老师常常_____教学经验。

（18）这_____茶是刚沏的。

（三）句型

1. 替换

（1）连我这<u>很少喝茶</u>的人也<u>喝了好几杯</u>。

很少喝花茶	喝了好几杯
很少喝绿茶	喝了几杯
很少喝咖啡	喝了一杯
很少喝酒	喝了一杯
很少看京剧	看了好几场
很少打扑克	打了半天
很少打麻将	打了半天
不会游泳	下水了
不喜欢打球	参加比赛了
没学过英语	听懂了

（2）他连"你好"都不会说。

简单的句子	听不懂
简单的句子	说不对
拼音	不会念
一个字	不会写
小学	没上过
北京	没去过
火车	没坐过
一个生词	没记住
一块钱	没有
一块钱	没有了

2. 完成句子

（1）茶最早产于_____。

（2）这种水果产于_____。

（3）艾米生于_____。

（4）老王毕业于_____。

（5）我们学校位于_____。

（6）这个学校建于_____。

（四）阅读

去茶馆学汉语

你一定进过大饭店，去过咖啡厅，也可能去过歌厅，可是，不知道你进过中国的茶馆没有？

在中国，几乎每个城镇都有茶馆，特别是南方的一些省市。那里的茶馆很多，城市大街上有茶馆，小巷里有茶馆，公园里有茶馆，就连郊外的农村也有茶馆。最近几年，一些城市还新建了一些高级茶厅、音乐茶座。当地的人们都有坐茶馆的习惯。有些人一清早就到茶馆喝茶，有些人下班后到那里坐上两三个小时，或读书看报，或一边喝茶，一边聊天儿。到了节假日，朋友们也常常在茶馆里聚会，或洽谈生意，或讨论问题，有些茶馆还经常举办各种文化活动。总之，茶馆不仅是老百姓生活中不可缺少的休息场所，也是人们交流信息的一个重要场所，同时，也为国内外游客提供了一个了解当地民俗民情的好地方。

北京的茶馆也不少。其中最有名的，要算前门附近的老舍茶馆，这是以人民艺术家老舍先生的名字命名的茶馆。当客人走进老舍茶馆，服务小姐会马上端来一壶热茶和几种北京风味的小吃，客人一边喝着，吃着，一边观看传统的京剧和曲艺节目。现在老舍茶馆已经成为一处新名胜，它每天都吸引着中外客人来这儿参观。

如果你有时间，可以去茶馆里坐坐。你会更多地了解到北京的民俗，感受到北京人传统的文化气氛。你会在那里听到不少新闻，交更多的朋友。茶馆还是学习汉语最好的第二课堂呢。不信，你去一次试试。

1. 选出课文中没提到的内容

(1) 哪些地方有茶馆？

A. 城市大街上　　　B. 小巷里

C. 学校里　　　　　D. 公园里

(2) 人们什么时候去茶馆？

A. 早上　　　　　　B. 午饭后

C. 下班后　　　　　D. 节假日

(3) 人们去茶馆做什么？

A. 喝茶、聊天　　　B. 聚会

C. 看书看报　　　　D. 开会

(4) 在老舍茶馆除了喝茶以外还有什么活动？

　　A. 吃北京风味的小吃　　　B. 观看京剧

　　C. 观看曲艺节目　　　　　D. 洽谈生意、讨论问题

2. 回答问题

跟朋友聚会你会去咖啡厅还是茶馆？你觉得咖啡厅和茶馆有什么不同？

语法　Grammar

（一）处所补语　Complement of place

由介词"于"及其宾语组成的介宾短语可做处所补语。如：

A prepositional phrase composed of the preposition 于 and its object can act as a complement of place, e.g.:

（1）茶最早产于哪个国家？

（2）他出生于一个大城市。

（3）他毕业于北京大学。

注意：这种处所补语限用于书面语和较正式的口语，非正式的口语一般用"是（在／从）……的"格式。如：

Point for attention: This kind of complement of place is only used in written language or in formal circumstances. In spoken language under informal circumstances, the construction 是（在／从）…的 is used instead, e.g.:

（4）茶最早是哪个国家生产的？

（5）他是在大城市出生的。

（6）他是（从）北京大学毕业的。

（二）强调的表达法（3） The way to express emphasis（3）

"连……也／都……"格式用来表示强调。这种表达法是通过举出最突出的例子来概括总体，或通过对上限的肯定来肯定总体，或通过对下限的否定来否定总体。强调完全肯定或完全否定或不合常情。如：

The construction 连…也／都…is used to express emphasis. The emphasis is achieved by giving the most striking example to imply the inclusion of entirety, by affirming the maximum so as to affirm the entirety, or by negating the minimum in order to negate the entirety. In such a construction the emphasis is placed on complete affirmation. complete negation, or contradiction to common sense, e.g.:

（1）这茶味道不错，连我这很少喝茶的人也喝了好几杯。（完全肯定）
（2）这次比赛，连校领导都参加了。（完全肯定）
（3）他连小学都没上过。（完全否定）
（4）这位老大娘连汽车也没坐过。（完全否定）
（5）这个人真怪，连肉都不吃！（不合常情）
（6）雨下得这么大，他连伞都不带，就走了。（不合常情）

附件　Appendix

中国的少数民族
The Chinese Minority Nationalities

阿昌族	Āchāngzú	白族	Báizú
保安族	Bǎo'ānzú	布朗族	Bùlǎngzú
布依族	Bùyīzú	朝鲜族	Cháoxiǎnzú
达斡尔族	Dáwò'ěrzú	傣族	Dǎizú

续表

德昂族	Dé'ángzú	东乡族	Dōngxiāngzú
侗族	Dòngzú	独龙族	Dúlóngzú
俄罗斯族	Éluósīzú	鄂伦春族	Èlúnchūnzú
鄂温克族	Èwēnkèzú	仡佬族	Gēlǎozú
高山族	Gāoshānzú	哈尼族	Hānízú
哈萨克族	Hāsàkèzú	赫哲族	Hèzhézú
回族	Huízú	基诺族	Jīnuòzú
京族	Jīngzú	景颇族	Jǐngpōzú
柯尔克孜族	Kē'ěrkèzīzú	拉祜族	Lāhùzú
黎族	Lízú	傈僳族	Lìlìzú
珞巴族	Luòbāzú	满族	Mǎnzú
毛难族	Máonánzú	门巴族	Ménbāzú
蒙古族	Měnggǔzú	苗族	Miáozú
仫佬族	Mùlǎozú	纳西族	Nàxīzú
怒族	Nùzú	普米族	Pǔmǐzú
羌族	Qiāngzú	撒拉族	Sālāzú
畲族	Shēzú	水族	Shuǐzú
塔吉克族	Tǎjíkèzú	塔塔尔族	Tǎtǎ'ěrzú
土家族	Tǔjiāzú	土族	Tǔzú
佤族	Wǎzú	维吾尔族	Wéiwú'ěrzú
乌孜别克族	Wūzībiékèzú	锡伯族	Xībózú
瑶族	Yáozú	彝族	Yízú
裕固族	Yùgùzú	藏族	Zàngzú
壮族	Zhuàngzú		

第八课
写给朋友的一封电子邮件

 课文　Text

亲爱的依丽拉：

你好！

昨天刚旅游回来，今天上午就给你写这封邮件。

中国的国庆节放假期间，我去山西大同旅游了一次。

9月29日夜里，我登上了开往大同的火车。火车上，我认识了一个学化学的中国大学生，她叫宋英。我真感谢宋英，她是我的旅伴，也是我的向导。

第二天上午，我们来到了大同市西面15公里的武周山。我亲眼看到了闻名中外的云冈石窟。53座大大小小的石窟东西排列，长约1公里。这里共有5

万多个石雕,是中国最大的石雕群之一。

宋英告诉我,云冈石窟开凿于公元5世纪,整个石窟的完成大约用了40年的时间。一千多年来,石雕不断受到自然和人为的破坏。中华人民共和国成立以后,这座珍贵的艺术宝库才得到了较好的保护。

我们一个洞一个洞地参观,看得很仔细。同时,我把那些保存完好的佛像都拍摄了下来。这不仅是为了留念,而且也是为了你,你不是喜欢美术和雕塑吗?

用数码相机拍摄真方便,我把照片放在附件里了,一起发给你。你打开看看,希望这些照片能启发你的创作灵感。对了,昨天晚上我的好朋友丁兰来玩儿,她看了这些照片,连声称赞我的照相技术。你看我的照相技术是不是进步了?

好了,就写到这儿,下次旅游以后再给你去信。

你的好友 贝拉

10月3日

生词 New Words

1.	化学	（名）	huàxué	chemistry
2.	旅伴	（名）	lǚbàn	fellow traveler, traveling companion
3.	向导	（名）	xiàngdǎo	guide
4.	亲眼	（副）	qīnyǎn	with one's own eyes
5.	石窟	（名）	shíkū	rock cave, grotto
6.	约	（副）	yuē	about, around
7.	石雕	（名）	shídiāo	stone caving, caved stone
8.	开凿	（动）	kāizáo	to dig, to cut
9.	公元	（名）	gōngyuán	the Christian era
10.	自然	（名、形）	zìrán	nature; natural
11.	人为	（形）	rénwéi	man-made, artificial
12.	破坏	（动）	pòhuài	to destroy, to damage
13.	残缺	（形）	cánquē	incomplete, fragmentary
14.	成立	（动）	chénglì	to found, to establish
15.	宝库	（名）	bǎokù	treasure-house
16.	保护	（动）	bǎohù	to protect, to defend
17.	洞	（名）	dòng	hole, cave
18.	仔细	（形）	zǐxì	careful
19.	完好	（形）	wánhǎo	intact, whole, in good condition
20.	佛像	（名）	fóxiàng	Buddha, an image of Buddha

第八课　写给朋友的一封电子邮件

	佛	（名）	fó	Buddha
21.	拍摄	（动）	pāishè	to take a picture
22.	留念		liú niàn	to keep or accept as a souvenir
23.	美术	（名）	měishù	art
24.	雕塑	（名、动）	diāosù	sculpture; to engrave, to carve
25.	称赞	（动）	chēngzàn	to praise
26.	技术	（名）	jìshù	skill
27.	情景	（名）	qíngjǐng	situation
28.	平均	（动、形）	píngjūn	to equalize; equal
29.	出现	（动）	chūxiàn	to appear
30.	卧	（动）	wò	to lie
31.	跪	（动）	guì	to kneel
32.	宴会	（名）	yànhuì	banquet
33.	附件	（名）	fùjiàn	attachment
34.	启发	（动）	qǐfā	illumine, enlighten
35.	创作	（动）	chuàngzuò	creat, work
36.	灵感	（名）	línggǎn	inspiration
37.	琴	（名）	qín	a general name for certain musical instruments
38.	沙子	（名）	shāzi	sand, grit

39.	偏偏	（副）	piānpiān	wilfully, insistently, persistently
	偏	（副）	piān	wilfully, insistently, persistently
40.	待	（动）	dāi	to stay
41.	部位	（名）	bùwèi	place, position
42.	弹	（动）	tán	to play, to flick
43.	埋	（动）	mái	to bury, to cover up
44.	串	（量）	chuàn	string, (a measure word)
45.	欢乐	（形）	huānlè	happy
46.	哈密瓜	（名）	hāmìguā	Hami melon

▶ ～～～～～～～～～～～～ 专名　Proper Nouns

1.	依丽拉	Yīlìlā	name of a person
2.	国庆节	Guóqìng Jié	the National Day
3.	山西	Shānxī	name of a province
4.	大同	Dàtóng	name of a city
5.	宋英	Sòng Yīng	name of a person
6.	武周山	Wǔzhōu Shān	Wuzhou Mountain
7.	云冈	Yúngāng	name of a place
8.	中华人民共和国	Zhōnghuá Rénmín Gònghéguó	the People's Republic of China
9.	吐鲁番	Tǔlǔfān	name of a place

练习　Exercises

（一）语音

1. 辨音辨调

| gōngyuán 公元 | pòhuài 破坏 | chénglì 成立 |
| guǒyuán 果园 | pòhài 迫害 | chénliè 陈列 |

| bǎokù 宝库 | chēzhàn 车站 | qīngjìng 清静 |
| bǎohù 保护 | chēngzàn 称赞 | qíngjǐng 情景 |

2. 四音节声调

破坏建筑　　保护环境　　听得仔细　　平均高度

破坏道路　　保护孩子　　谈得仔细　　平均温度

破坏纪律　　保护母亲　　想得仔细　　平均湿度

破坏制度　　保护眼睛　　看得仔细　　平均收入

（二）词语

1. 用下列生词至少组成两个短语

（1）自然_____　_____　　（2）破坏_____　_____

（3）成立_____　_____　　（4）保护_____　_____

（5）仔细_____　_____　　（6）拍摄_____　_____

（7）称赞_____　_____　　（8）出现_____　_____

（9）卧　_____　_____　　（10）跪　_____　_____

（11）待　_____　_____　　（12）埋　_____　_____

2. 连线并朗读

说得　　　　宝库
受到　　　　石窟
残缺　　　　电影
艺术　　　　破坏
拍摄　　　　自然
保存　　　　不全
开凿　　　　完好
称赞　　　　情景
举行　　　　宴会
平均　　　　学生
欢乐　　　　奇迹
出现　　　　气温

3. 从本课生词表中选择恰当的词语填空

（1）这个故事发生在_____10世纪。

（2）最近电视上_____了一些新的主持人。

（3）这条河长_____10公里。

（4）这个国家是去年_____的。

（5）你照相的_____怎么样？

（6）工人们正在_____山洞，修建铁路。

（7）这些佛像_____不全了，好像是_____破坏的。

（8）大内从小喜欢_____，她画的画儿可好看了。

（9）看了山本_____的照片，大家都_____他的照相技术。

（10）我们班同学的_____年龄是23岁。

（11）人们都很重视_____这些著名的文化遗产。

（12）中国大使馆举行了一个_____庆祝国庆节。

（13）晚会上同学们有的_____琴，有的唱歌。

（14）你打算在这儿_____几天？

（15）我常常想起第一次离开家的_____。

（16）孩子们把腿_____在沙子里。

（17）孩子太小，需要母亲的_____。

（18）老师把考试的要求说得很_____。

（19）你的发音_____和发音方法不对。

（20）在国庆假期几天里大家都很快乐，_____只有彼得不高兴。

（三）句型

1. 替换

    (1) 我们一个洞一个洞地参观。

服务员	一个房间	打扫
大夫们	一个病房	检查
艾米	一个词	写
大内	一个句子	练习
同学们	一课书	复习
老师	一个问题	解释
我们	一个人	进去
他们	一个商店	逛
贝拉	一双鞋	挑
工人们	一条路	修

（2）饭要—口—口地吃。

事	一件	做
生词	一个	记
录音	一段	听
练习	一个	做
衣服	一件	洗
问题	一个	讨论
问题	一个	解决
小说	一本	看
文章	一篇	写
节目	一个	表演

2. 完成句子

（1）这位诗人生于_____，死于_____。

（2）小宋毕业于_____。

（3）这所医院建于_____。

（4）这个国家成立于_____。

（5）云冈石窟开凿于_____。

（6）这种病出现于_____。

（四）阅读

1. 读下面课文并选择恰当的词语填空

新疆吐鲁番

我在中国游览过许多地方，如果有人问我："你最喜欢哪儿？"我会说：

"新疆的吐鲁番。"

夏日旅游，一般人喜欢到_____的地方去，可我偏偏选择了_____。那儿夏季白天的平均_____在40℃左右。

吐鲁番是中国的葡萄王国，到处是_____。远远望去，一片绿色。走近一看，才发现那一串串葡萄有绿色的、红色的、紫色的，还有黑色的，五颜六色，_____极了。吐鲁番不只出产_____，别的水果也多着呢。像甜甜的西瓜，红红的苹果，远近闻名的哈密瓜，你在哪儿都可以看到。

我和朋友来到吐鲁番时正是夏天，_____好客的吐鲁番人请我们吃了一次"水果宴"。每种水果只尝一点儿就吃饱了。等到上来烤全羊、手抓饭等，就再也吃不下了。饭后主人弹起东不拉，唱起民歌，请我们一起_____。歌声、琴声、笑声，那种欢乐的情景真比过节还_____。

我还要告诉你，吐鲁番的沙子还能_____呢。人们或躺或卧或跪或_____，把沙子放在有病的部位上，一待就是三四个小时。这种方法叫"埋沙疗法"。_____们说，这种"埋沙疗法"能_____很多种病。

我在吐鲁番学会了一首民歌，叫《新疆好》。吐鲁番不就是这样一个好地方吗？如果有机会，我还要再去吐鲁番玩儿几天。

（凉快、好看、热情、热闹、葡萄、葡萄园、气温、专家、吐鲁番、坐、跳舞、治疗、治病）

2. 说说"我"为什么最喜欢新疆吐鲁番。

3. 谈谈学了这篇课文以后你知道了哪些信息。

语法　Grammar

（一）时间补语　Complement of time

1. 介词"于"的宾语可由表示时间序列点的词语充当。这种介宾短语可做时间补语。如：

The object of the preposition 于 can be a word which refers to a point of time and this prepositional phrase can act as a complement of time, e.g.:

（1）他出生于1976年。

（2）云冈石窟开凿于公元5世纪。

注意：（1）这种补语限于书面语和较正式的口语。非正式的口语用"是 + 时点词语 + 动词 + 的"格式。如：

Points for attention：（1）This kind of complement appears only in written language or formal language, whereas the construction 是 + word referring to a point of time + verb + 的 is used in informal spoken language, e.g.:

（1）他是1976年出生的。

（2）云冈石窟是公元5世纪开凿的。

2. 如果句中还有处所词语，时点词语要放在核心动词之前，处所词语可前可后，只是语体不同。如：

If a phrase of location is also used in the sentence, the word referring to a point of time should be placed before the main verb, while the phrase of location can be put either before or after the main verb depending on different language style, e.g.:

（1）他是1976年在北京郊区出生的。（口语）

（2）他1976年出生于北京郊区。（书面语）

（二）"一 + 量词 + 名词"重叠

The reduplication of the phrase 一 +measure word+noun

"一 + 量词 + 名词"这种短语可以重叠。其中，名词如果表示人或事物，重叠后表示逐指，强调依次进行某种活动。如：

The phrase 一 + measure word+noun can be reduplicated. If the noun refers to people or things, the reduplicated phrase indicates with emphasis that a certain activity is being carried on one by one in proper order, e.g.:

（1）我一个洞一个洞地参观。

（2）他一个房间一个房间地打扫。

注意：（1）这种短语重叠式只做状语。（2）这种短语中的名词所代表的人或事物在意念上是受事。（3）在语境明确的情况下，重叠式中的名词可省去，变成"一 + 量"的重叠式"一 + 量词 + 一 + 量词"。如：

Points for attention：（1）This phrase after reduplication can only act as an adverbial.（2）The people or things referred by the noun in the phrase are receivers of the action notionally.（3）When the context is clear, the noun can be omitted when the phrase is reduplicated，so the phrase becomes 一 + measure word + 一 + measure word after reduplication，e.g.:

（1）洞很多，我一个一个地参观。

（2）这么多房间，他一个一个地打扫。

附件 Appendix

新疆好

新疆民歌
马寒冰词
刘炽编曲

1=F 2/4

稍慢 愉快、亲切、优美地

0 11 | 1 2 3.1 | 2 2 6023 | 4 5 6165 | 5 4 2 6 |

5 - | 5 5564 | 55) 11 : 12 3.1 |

1. 我们 新疆 好 地
2. (麦穗) 金黄 稻花
3. (弹起) 你的 东不

2 2 602 3 | 4 5 6165 | 5 434 261 | 5 |

方啊, 天山 南北 好 牧 场,
香啊, 风吹 草低 见 牛 羊,
拉哎, 跳起 舞来 唱 起 歌,

5 0 55 | 5 43 2.432 | 142 7 0 7 6 |

戈壁 沙滩 变 良田, 积雪
葡萄 瓜果 甜 又甜, 煤铁
各族 人民 大 团结, 歌颂

5 2 1 7 | 6 51 1716.1 | 5 - | 5 0 55 |

溶化灌 农地 庄。 戈壁
金银遍 地 藏。 葡萄
领袖毛 泽 东。 各族

5 43 2.432 | 14 2 7076 | 5 2 1 7 |

沙滩 变 良田, 积雪 溶化灌
瓜果 甜 又甜, 煤铁 金银遍
人民 大 团结, 歌颂 领袖毛

6 51 1716 1 | 5 - | 0555 | 511 i76 |

农地 庄。 来来来来 来来来来
地 藏。}
泽 东。

第八课　写给朋友的一封电子邮件

105

第九课
研究研究

 课文　Text

（艾米的朋友安娜在本市某大学学汉语。听说她最近心情不好，艾米去看她）

艾　米：安娜，看你脸色不好，说话都没精神，怎么了？

安　娜：一连几夜失眠，饭也不想吃，心里不痛快。

艾　米：有什么心事，可以告诉老朋友吗？

安　娜：你瞧，这个房间的窗户正好对着一家卡拉OK歌厅的大门。那儿每天晚上都放音乐，而且声音响极了。有时候到夜里12点还吵吵嚷嚷的，闹得

第九课　研究研究

人心烦，既学习不了，也睡不好觉。

艾　米：那你为什么不要求换个房间？

安　娜：我不是没提出这个要求。大前天我找到服务员，她说："这事我做不了主，得请示领导。"前天我又去问她，她说："你别着急，这事得研究研究哇！"昨天我在走

廊上碰见她，她告诉我，科长出差还没回来，处长生病在家，其他负责人也不在，让我再等几天。上帝呀，再等，我非得神经病不可。

艾　米：他们办事怎么这么拖拉？

安　娜：我怎么也不明白，不就是换个房间吗？有什么值得研究的？

艾　米：这里的"研究"是考虑、商量和讨论的意思。有些事情他们不能马上决定就说"研究研究"，跟"研究中国文化"的"研究"不一样。

安　娜：这么点儿小事还用研究好几天吗？

艾　米：对了，我想起来了，有人对我说过"研究"就是"烟酒"，看来得送点儿礼才行。

（有人敲门，安娜开门）

安　娜：是李科长，请进。您可是稀客。

李科长：你好，安娜。大前天，我急着出差开会，今天才回来，把你调房的事耽误了。真是对不起。我看340房间比较安静，你搬那儿去吧。

安　娜：谢谢，什么时候搬，还得研究研究吧？

李科长：这有什么可研究的？现在我就让服务员帮你搬过去。

生词　New Words

1. 心情	（名）	xīnqíng	mood
2. 一连	（副）	yìlián	in a row, in succession
3. 失眠		shī mián	insomnia
4. 心里	（名）	xīnli	in the heart, at heart
5. 痛快	（形）	tòngkuài	delighted, joyful
6. 心事	（名）	xīnshì	worry, sth. weighing on one's mind

第九课　研究研究

7.	响	（动、形）	xiǎng	to sound, to make a sound; loud, noisy
8.	吵嚷	（动）	chǎorǎng	to make a racket
	吵	（动、形）	chǎo	to make a noise; loud noisy
	嚷	（动）	rǎng	to shout, to yell
9.	烦	（动、形）	fán	to be annoyed, to be tired of; annoying, irritated
10.	请示	（动）	qǐngshì	to ask for instructions
11.	走廊	（名）	zǒuláng	corridor, passage
12.	碰见	（动）	pèngjiàn	to run into, to meet with
	碰	（动）	pèng	to meet, to run into
13.	科长	（名）	kēzhǎng	section chief
14.	出差		chū chā	to be on a business trip
15.	处长	（名）	chùzhǎng	division director
16.	其他	（代）	qítā	other, else
17.	负责	（动）	fùzé	to be in charge of, to be responsible for
18.	非……不可		fēi…bù kě	must, have to
19.	神经	（名）	shénjīng	nerve
20.	拖拉	（形）	tuōlā	slow, sluggish
21.	送礼		sòng lǐ	to present a gift to sb.
22.	调	（动）	tiáo	to change, to adjust, to suit well
23.	实践	（动、名）	shíjiàn	to practise; practice

109

24.	坚持	(动)	jiānchí	to insist
25.	原谅	(动)	yuánliàng	to excuse, to forgive, to pardon
26.	请求	(动、名)	qǐngqiú	to ask; request
27.	利用	(动)	lìyòng	to use, to make use of
28.	活动	(动、名)	huódòng	to move about; activity
29.	科学	(名、形)	kēxué	science; scientific
30.	提醒	(动)	tíxǐng	to remind, to call attention to
31.	集合	(动)	jíhé	to gather, to assemble
32.	危险	(形)	wēixiǎn	dangerous
33.	文艺	(名)	wényì	literature and art
34.	集体	(名)	jítǐ	collective
35.	房东	(名)	fángdōng	landlord
36.	化解	(动)	huàjiě	to eliminate, to dispel
37.	外人	(名)	wài rén	outsiders, stranger
38.	广泛	(形)	guǎngfàn	comprehensive, broad
39.	趣闻	(名)	qùwén	interesting news
40.	难以忘怀		nányǐ wànghuái	unforgettable, hard to forget
41.	风雨交加		fēngyǔ jiāojiā	be wet and windy, the wind howls and the rain pours
42.	急救		jí jiù	first aid, emergency treatment
43.	陪伴	(动)	péibàn	to accompany
44.	肺炎	(名)	fèiyán	pneumonia
45.	幸亏	(副)	xìngkuī	luckily, fortunately

第九课 研究研究

46. 一衣带水	（名）	yì yī dài shuǐ	seperated by a narrow strip of water
47. 世代	（名）	shìdài	generation
48. 相处	（动）	xiāngchǔ	get along (with one another)

▶〰〰〰〰〰〰〰〰〰〰〰〰 专名 **Proper Nouns**

1. 安娜　　　　　Ānnà　　　　　Anna, name of a person
2. 上帝　　　　　Shàngdì　　　　God

 练习 **Exercises**

（一）语音

1. 辨音辨调

   { qīnshì　寝室　　{ xìngmíng　姓名　　{ shíjiàn　实践
   { qǐngshì　请示　　{ xìngmìng　性命　　{ shíxiàn　实现

   { jiānchí　坚持　　{ qǐqiú　企求　　{ yuánliàng　原谅
   { jiāngchí　僵持　　{ qǐngqiú　请求　　{ yuánliào　原料

2. 四音节声调

   利用机会　　坚持锻炼　　纪念活动　　信息科学
   利用经验　　坚持训练　　庆祝活动　　自然科学
   利用知识　　坚持工作　　破坏活动　　历史科学
   利用关系　　坚持错误　　秘密活动　　社会科学

3. 语调

   我怎么也不明白，不就是换个房间吗？有什么值得研究的？

111

我怎么也不明白，不就是调个房间吗？有什么值得请示的？

我怎么也不明白，不就是写错个字吗？有什么值得奇怪的？

我怎么也不明白，不就是说错个词吗？有什么值得道歉的？

（二）词语

1. 用下列生词至少组成两个短语

   (1) 碰见_____ _____　　(2) 化解_____ _____

   (3) 提醒_____ _____　　(4) 原谅_____ _____

   (5) 坚持_____ _____　　(6) 利用_____ _____

   (7) 集合_____ _____　　(8) 实践_____ _____

   (9) 活动_____ _____　　(10) 请求_____ _____

   (11) 陪伴_____ _____　　(12) 危险_____ _____

2. 连线并朗读

   请示　　　　实践

   坚持　　　　时间

   集合　　　　领导

   语言　　　　痛快

   友好　　　　劳动

   体育　　　　出差

   心里　　　　相处

   办事　　　　活动

   去南方　　　科学

   学习　　　　同意

   请求　　　　电话

   急救　　　　拖拉

第九课 研究研究

3. 从本课生词表中选择恰当的词语填空

(1) 闹钟了_____，该起床了。

(2) 昨天夜里我_____了，今天有点儿头疼。

(3) 这件事你能做主吗？要不要_____领导？

(4) 今天跟你们一起喝酒，喝得真_____。

(5) 你们别_____了，我心里_____着呢。

(6) 老张去年是科长，今年升_____了。

(7) 你有什么_____？能告诉我吗？

(8) 我在街上_____了一个老朋友。

(9) 谁是这儿的_____人？

(10) 上星期你去哪儿_____了？

(11) 如果这个问题解决了，_____问题就好办了。

(12) 请你_____王才，明天下午两点在学校西门_____。

(13) 这儿_____！你们别过来。

(14) 请你_____，我把时间记错了。

(15) 你的意见是错误的，不要_____了。

(16) 我想_____这次旅行的机会多了解了解中国的民俗。

(17) 大夫说我得了_____。

(18) 我的_____是中国人。

(19) 他说的_____真有意思。

(20) 汉语节目表演是语言_____活动。

(21) 中国和日本是_____的邻居。

(22) 艾米从小爱好_____，什么唱歌、跳舞、弹琴她都喜欢。

(23) 这个病人_____送来的及时。

(24) 他的爱好非常_____。

(25) 这是我一生中_____的事。

（三）句型

1. 替换

（1）我不是没<u>提出这个要求</u>。

>
> 告诉他
>
> 提醒他
>
> 通知他
>
> 帮助他
>
> 原谅他
>
> 坚持这个意见
>
> 利用这个机会
>
> 使用这个方法
>
> 给他送礼
>
> 给他调房

（2）他不是不<u>知道集合时间</u>。

>
> 知道集合地点
>
> 知道这很危险
>
> 喜欢参加语言实践
>
> 喜欢体育锻炼
>
> 喜欢参加集体活动
>
> 明白你的意思
>
> 同意你意见
>
> 答应你的请求
>
> 相信科学
>
> 爱好文艺

第九课　研究研究

（3）没有人不<u>认识</u>他。

> 喜欢
> 相信
> 尊敬
> 佩服
> 赞扬
> 反对
> 重视
> 原谅
> 答应
> 请示

（4）<u>我</u>非<u>得神经病</u>不可。

> 你　　得感冒
> 你　　去医院
> 你　　打针
> 你　　迟到
> 他　　调房
> 他　　送礼
> 他　　去西安
> 他　　买汽车
> 他们　参加比赛
> 他们　使用这个方法

（5）闹得人心烦，既学习不了，也睡不好觉。

吃不下饭	睡不好觉
学习不了	休息不了
工作不了	休息不了
学习不了	工作不了
不能学习	不能休息
不能学习	不能工作

2. 用括号里的词语改写句子

（1）我提醒过他，可他还是忘了。（不是没……）
（2）我确实给他打电话了，他家没有人。（不是没……）
（3）我很想参加书法学习班，只是没有时间。（不是不……）
（4）我同意你的意见，只是不同意你的态度。（不是不……）
（5）艾米在速成学院很有名，大家都认识她。（没……不）
（6）那个孩子长得非常可爱，大家都很喜欢他。（没……不）
（7）这儿离火车站很远，一定得坐出租车去。（非……不可）
（8）你感冒了，必须打针吃药。（非……不可）

（四）阅读

我的中国房东

我的房东是两位中国老人，他们的年纪跟我的爷爷奶奶差不多。所以我称呼他们爷爷和奶奶。

第一次到北京留学，我很想跟中国人住在一起，可是又有点儿担心。我怕因为生活习惯不同而发生矛盾。跟房东第一次见面以后，我的担心就化解

第九课 研究研究

了。那天下午，一个朋友带我来到现在的新家。我对房子很满意，谈好价钱以后，爷爷对我说："孩子，从今天开始，我们就像一家人一样，你不要客气，有什么困难和要求就告诉我们。水、电随便用，家里所有的东西都随便用，不要重新买。你是个学生，一定要节约用钱才好。"几句话说得我心里暖暖的。他们就像我的亲爷爷奶奶一样。

每到周末，奶奶都为他们的儿女，还有孙子准备丰盛的饭菜，一家人吃团圆饭，他们也邀请我参加聚会，起初我怕给他们增添麻烦，不好意思参加。后来，随着关系越来越熟，我也不把自己当外人了。我主动帮奶奶做饭，有时还做一两个日本小菜。奶奶做的菜非常好吃，特别是她包的饺子，皮薄馅儿多，我从来没吃过那么好吃的饺子。我跟他们一边吃饭一边谈话。他们谈的话题非常广泛，有国内外发生的大事，也有一些生活趣闻。因为我是外国人，为了让我听懂，他们比平时说得慢，有时候还给我解释。我也给他们介绍我的老师、我的同学、我学过的课文。跟他们一起谈话，我的汉语水平提高得很快。

有一次，我新买的自行车丢了，心里很难过，回家以后跟奶奶说了。第二天放学回到家，爷爷把一辆旧自行车推到我面前，说："孩子，住在北京，没有自行车不方便。你不要再买新的了。这辆车看起来旧，可是很好骑。我把它修理了一下，明天你就骑着它去上学吧。对了，这是旧车，你不用担心被人偷了。"为了修理这辆自行车，爷爷花了整整一天时间。看着爷爷给我的自行车，我真不知道说什么才好。

最令我难以忘怀的是一个风雨交加的晚上，我咳嗽、发高烧、呼吸困难。爷爷、奶奶听见我咳嗽，赶快跑过来。爷爷马上拨打120急救电话。他们把我送到医院。爷爷为我排队挂号、排队交费、排队取药、排队办理住院手续，奶奶一直陪伴在我身边。医生说我得的是肺炎，幸亏送来得及时。那天，爷爷奶奶回到家已经是后半夜了。据说他们的衣服都湿了，里边是汗水，外边是雨水。

还有一个月我就毕业了。回到日本以后，我要把我在中国留学的经历告诉我的家人和朋友。我要告诉他们，中国和日本是一衣带水的好邻居，两国人民一定能够世世代代地友好相处。

回答问题：

1. 课文中的"我"是哪国人？
2. 课文中写了"我"跟房东一起生活的哪几件事？
3. 第一次到北京留学，"我"担心什么？这担心是怎么化解的？
4. 房东邀请"我"参加聚会，"我"为什么不想参加？后来有什么变化？
5. "我"的自行车丢了以后，发生了什么事？
6. 最令"我"难以忘怀的是什么事情？
7. "我"回国以后要做什么？

语法 Grammar

（一）二次否定 Double negative

二次否定可以表示肯定、持中等意思。表示肯定的，如：

A double negative can be used to express affirmation, moderationand and so on. The following sentences indicate affirmation：

（1）艾米：那你为什么不要求换个房间？

　　安娜：我不是没提出这个要求。

（2）A：他可能不知道。

　　B：我不相信他不知道。

表示持中的，如：

The following sentences indicate moderation, e.g.：

(3) 这件衣服不大不小，正合适。

(4) 他来得不早不晚，正是时候。

(5) 他没有说这样做不对。

(6) 我没说同意不同意。

（二）强调的表达法（4）　The way to express emphasis（4）

二次否定表示肯定意义时，肯定的程度是有所不同的，其一是强式肯定。这种强式肯定也是表示强调的一种表达方法。如：

When a double negative is used to indicate affirmation, the degree of affirmation may vary. A strong affirmation indicated by double negative is one of the ways to express emphasis, e.g.:

(1) 他在我们学校很有名，没有人不认识他。

(2) 再等，我非得神经病不可。

第十课
手机点歌送真情

 课文 Text

如今，很多年轻人喜爱用手机点播歌曲节目。在亲友生日的时候，点一首《祝你生日快乐》，祝福他们天天开心，事事顺利；在朋友结婚的时候，点一首《最浪漫的事》，祝福新郎新娘美满幸福，白头到老。一支深情的歌，就是一颗火热的心，一份珍贵而特别的礼物。

下面就是发生在我们学院的一件真实的事情。

一天上午，王欢走进办公室，发现桌子上放着一张纸条儿，上面写着："王老师，您好！今天17点25分，请您打开电视机，收看北京电视二台的'点歌台'节目，千万别忘了！——您的学生和朋友：

艾米、贝拉、山本正、大内上子、金汉成、彼得。"

下午5点25分,王欢准时打开电视机,BTV-2正在播放"点歌台"节目。主持人亲切地说:

打开点歌台,聆听真情的声音。各位好!欢迎收看今天的节目。我非常喜欢这句栏目的宣传语,因为真情是我们生活的必需品,而点歌台真诚地希望能够成为大家无话不说的音乐好伙伴。136手机尾号为1037的朋友说:"王欢老师,听说您的太太为您生了一个

漂亮的女儿,我们六个人代表全班同学向您表示衷心的祝贺。值此机会,为您的白雪公主点一首歌,歌名叫《宝贝》。愿这首歌能给您的女儿带来幸福和吉祥。"今天献上的第一首歌就是六位外国留学生为他们的王欢老师点的《宝贝》。王欢老师您听到了吗?

王欢连声说:"听到了,听到了!谢谢你们,也谢谢点歌台的主持人和全体工作人员!"

听着这首动人的歌,王欢的心情非常激动。他觉得,此时此刻,电视机里传来的不仅是优美的音乐,更是全班学生纯真美好的感情!

生词 New Words

1. 点播	（动）	diǎnbō	request a programme for broadcasting or televising
播	（动）	bō	to broadcast
2. 播放	（动）	bōfàng	to broadcast
3. 真情	（名）	zhēnqíng	genuine feelings, real sentiments
4. 如今	（名）	rújīn	nowadays, now, today
5. 喜爱	（动）	xǐ'ài	like, be fond of
6. 点歌		diǎn gē	request a song for broadcasting or televising
7. 亲友	（名）	qīnyǒu	relatives and friends
8. 祝福	（动、名）	zhùfú	bless; blessing, wish
9. 美满	（形）	měimǎn	happy, very satisfactory
10. 火热	（形）	huǒrè	a brief note, message
11. 条儿	（名）	tiáor	slip, stripe, piece
12. 收看		shōu kàn	watch (TV)
13. 聆听	（动）	língtīng	to listen to
14. 栏目	（名）	lánmù	column (in a newspaper, TV, etc.)
15. 宣传	（名、动）	xuānchuán	propaganda, promotion; propagate, publicize
16. 必需	（动）	bìxū	necessary
17. 必需品	（名）	bìxūpǐn	necessity

第十课 手机点歌送真情

18. 真诚	（形）	zhēnchéng	sincere, true, honest
19. 尾号	（名）	wěi hào	last number (of a mobile phone or telephone)
20. 宝贝	（名）	bǎobèi	baby
21. 吉祥	（形）	jíxiáng	lucky, auspicious
22. 全体	（形）	quántǐ	all, entire, whole, total
23. 动人	（形）	dòng rén	moving, touching
24. 传	（动）	chuán	transmit
25. 优美	（形）	yōuměi	elegant, graceful
26. 纯真	（形）	chúnzhēn	sincere, pure, true
27. 美好	（形）	měihǎo	nice
28. 感情	（名）	gǎnqíng	feeling, sentiment
29. 搞	（动）	gǎo	to do, to carry on
30. 躲	（动）	duǒ	to hide, to avoid
31. 补	（动）	bǔ	to mend, to repair, to make up for, to fill up
32. 撞	（动）	zhuàng	to bump into, to bump against, to meet by chance
33. 赚	（动）	zhuàn	to make a profit, to earn
34. 干涉	（动）	gānshè	to interfere, to intervene
35. 为人	（名）	wéirén	to behave, to conduct oneself
36. 热烈	（形）	rèliè	warm, enthusiastic
37. 坦率	（形）	tǎnshuài	frank
38. 吻	（动、名）	wěn	to kiss; kiss, lip
39. 宫殿	（名）	gōngdiàn	palace
40. 万一	（连、副）	wànyī	just in case, if by any chance

123

41. 税	（名）	shuì	tax
42. 利息	（名）	lìxī	profit
43. 光	（动、形）	guāng	to be used up
44. 棒	（形）	bàng	good, fine, excellent
45. 富	（形）	fù	rich
46. 穷	（形）	qióng	poor
47. 毕竟	（副）	bìjìng	after all, all in all
48. 孙子	（名）	sūnzi	grandson
49. 做法	（名）	zuòfǎ	way of doing, method of work
50. 发愁		fā chóu	to worry, to be anxious

▶ 专名　Proper Nouns

1. 白雪公主	Báixuě Gōngzhǔ	*Snow White*
2. 卢京生	Lú Jīngshēng	name of a person
3. 澳元	Àoyuán	Australian dollar
4. 希尔顿饭店	Xī'ěrdùn Fàndiàn	Hilton Hotel

练习　Exercises

（一）语音

1. 辨音辨调

{ zhùfú　　祝福
  zhìfú　　制服 }

{ yùnhé　　运河
  rènhé　　任何 }

{ shēnqíng　深情
  shēngqín　生擒 }

{ zhēnchéng　真诚
  zhēngchéng　征程 }

{ chuánzhēn　传真
  chúnzhēn　　纯真 }

{ yǒuhǎo　友好
  yàohǎo　　要好 }

第十课　手机点歌送真情

2. 四音节声调

喜爱京剧	感情丰富	点播歌曲	风景优美
喜爱歌剧	感情深厚	点播音乐	环境优美
喜爱音乐	感情不错	点播京剧	动作优美
喜爱雕塑	感情浪漫	点播故事	歌声优美

（二）词语

1. 用下列生词至少组成两个短语

（1）传　_____　_____　　（2）聆听_____　_____

（3）宣传_____　_____　　（4）搞　_____　_____

（5）躲　_____　_____　　（6）补　_____　_____

（7）撞　_____　_____　　（8）赚　_____　_____

（9）喜爱_____　_____　　（10）干涉_____　_____

（11）优美_____　_____　　（12）美好_____　_____

2. 连线并朗读

热线　　　　　　友情
传　　　　　　　美满
受到　　　　　　歌曲
生活　　　　　　点歌
播送　　　　　　小姐
纯真的　　　　　喜爱
任何　　　　　　坦率
空中　　　　　　钱
为人　　　　　　同学
干涉　　　　　　车
全体　　　　　　感情
赚　　　　　　　吻
撞　　　　　　　别人
热烈的　　　　　礼物

125

3. 从本课生词表中选择恰当的词语填空

(1) 彼得特别_____小动物，他常常去动物园玩儿。

(2) 我非常珍惜我们的_____。

(3) 我_____地希望爸爸妈妈健康长寿。

(4) 这个城市_____的环境给我很深的印象。

(5) 你常常_____北京电视台的"点歌台"节目吗？

(6) 今天是我的生日，我的亲友为我_____了一首歌曲。

(7) 这里的人民过着幸福_____的生活。

(8) 王欢有一颗_____的心，谁有困难他都帮助。

(9) 白老师给我们讲了一个十分_____的故事。

(10) 这件事情最重要，一定要_____好。

(11) 那位老演员_____丰富，表演得十分_____。

(12) 他_____地说出自己的看法。

(13) 请不要_____别人的私生活。

(14) 故宫里的每个_____都有自己的故事。

(15) _____明天下雨，我们还去参观吗？

(16) 孩子们的_____的感情使我非常感动。

(17) 这首歌能给你们全家带来幸福和_____。

(18) 只有下大本钱，才能_____更多的钱。

(19) 他们国家规定银行存钱的利息不上_____。

(20) 现在银行的_____增加了。

(21) 大内昨天没做作业，她今天_____上了。

(22) 我的钱花_____了，得去银行取钱了。

(23) 他英语说得真_____！

(24) 在这个城市一些人很_____，有楼房和汽车；一些人很_____，连饭也吃不饱。

4. 用"搞"填空

(1) 今天下午老师们_____卫生，打扫宿舍和办公室。

(2) 这个月赵工程师_____了三项设计。

(3) 我们要把经济工作_____上去。

(4) 这个问题必须_____清楚。

(5) 那个孩子把衣服_____得很脏。

(6) 他们这个星期特别忙，每天都_____得很晚才回家。

(7) 你是不是_____错了？这不是我说的。

5. 用"毕竟"完成句子

(1) 他们经过努力，最后_____了。（成功）

(2) 那位老大爷虽然身体很好，可是他_____了。（70岁）

(3) 艾米看了一些有关中国文化的书，可是理解不深刻，因为她_____（外国人）

(4) 学语言跟学文学_____。（不一样）

(5) 你们现在虽然离了婚，可是她以前_____。（妻子）

(6) 那些学生_____，（年轻）社会经验还不丰富。

(三) 阅读

卢京生和玛丽

(方云天的老同学卢京生从澳大利亚回国探亲。一天，卢京生来看望方云天，方云天问："听说你早就在外面有了女朋友，怎么到现在还不结婚？"卢京生笑着摇摇头，讲了他和女友玛丽的故事。)

我和玛丽是在上学期间认识的。我们俩感情一直不错。但是，只要我一提结婚,她的回答就是"NO"。我是独生子,我妈每个月都来信催我结婚,她老人家急着抱孙子。有一天,我把我妈的想法告诉了玛丽,她听了,笑着说:"你妈、孩子,这些和我们的爱有什么关系?你们中国人的爱就是水分多!"

玛丽为人坦率热情,可是有些做法实在让我很难接受。

有一次,她爸爸来看她,她却躲在屋里不见。我说:"虽然他很早就和你妈妈离了婚,没有给你多少父爱,可他毕竟是你的父亲哪!"她一听就火了:"别把我当成孩子!咱们俩谁也别干涉对方的私事!"

看起来她好像不愿干涉别人的事,可有时不是那么回事儿。去年我报税时,没报银行利息。她知道后,一定要帮我补上,弄得我很不好意思。

她总笑话我喜欢存钱,说:"万一明天撞了车,你的钱留给谁?不要学怎样存钱,要学怎样赚钱,懂不懂?"

去年冬天,我们去几个城市旅游了一圈,钱几乎花光了。她发了愁:"怎么办呢?明天我们只能吃干面包了。"

第二天,我从银行里取出了仅有的500澳元。玛丽见我又有钱了,她给我一个热烈的吻,拉起我就走:"听说希尔顿饭店像座宫殿。走,咱们去住一夜,过过富人的生活。"

"可我们是穷人。"

"不,今天还不是!"

那一夜,她的富人生活把这点钱花得干干净净。

第二天,我们走出"宫殿"的时候,真的变成了穷人,她笑着握住我的手,大声说:"太棒了!"没想到,我教她的这句中国话,她用在这儿了!

1. 下面哪些是玛丽的想法和做法?(在句子后面括号内打"√"或"×")

    (1) 结婚为了生孩子。   (   )

    (2) 结婚只是为了爱情。   (   )

（3）不见自己的父亲。   (   )

（4）应该见自己的父亲。   (   )

（5）补交银行的利息。   (   )

（6）喜欢存钱。   (   )

（7）赚钱比存钱重要。   (   )

（8）有钱就把它花光。   (   )

2. 请你说说，卢京生和玛丽认识了很长时间，为什么到现在还不结婚？

3. 你对不同国家的人结婚有什么看法？

（四）功能会话：听后模仿

1. 推测

（1）A：他怎么没告诉我？

　　B：他会告诉你的。

（2）A：他能恢复健康吗？

　　B：他会恢复健康的。

（3）A：他会参加比赛吗？

　　B：他身体不太好，不会参加的。

（4）A：他会同意这么做吗？

　　B：不会的。

2. 确认

（1）A：他打扫得干干净净。

　　B：是挺干净。

（2）A：她今天穿得挺漂亮。

　　B：是挺漂亮。

3. 询问人或物的方位或处所（2）

（1）A：你把自行车放在哪儿了？

B：我把自行车放在宿舍门口了。

（2）A：你把电视机搬到哪儿去了？

B：我把电视机搬到山本宿舍去了。

4. 询问原因或目的（2）

（1）A：你怎么没把孩子带来？

B：我把他送到幼儿园去了。

（2）A：你怎么把自行车卖了？

B：我想买辆新的。

5. 征求意见

（1）A：我把姑娘的照片带来了，你看看怎么样？

B：是挺漂亮。

（2）A：我把小伙子的照片带来了，你看看怎么样？

B：是挺精神。

6. 追问

（1）A：这儿的冬天冷得很。

B：到底有多冷呢？

A：最低气温零下20度（−20℃）。

（2）A：我们学校离城里很远。

B：到底有多远呢？

A：50公里左右。

语法　Grammar

补语的分类　Types of complements

汉语里，补语主要有以下几种：
In Chinese, there are several kinds of complements:

1. 结果补语。

［1］强调过程发展阶段的，如：

Some of this type of complements emphasize the stage in the course of development, e.g.:

(1) 他唱起来了。（始发性的）

(2) 这么早，他们就开始干上活儿了。（始发性的）

(3) 这孩子个儿又长高了。（中止性的）

(4) 他们班学到第70课了，我们班才学到第60课。（中止性的）

(5) 这个工作还得干下去。（继续性的）

(6) 请你接着念下去！（继续性的）

(7) 这篇文章，他翻译完了。（终结性的）

(8) 他没有住上新房呢。（终结性的）

［2］不强调过程发展阶段，只强调状态变化的，如：

Some of the complements of result do not emphasize the stage in the course of development but only stress the change of state, e.g.:

(9) 睡了两天两夜之后，老人终于醒过来了。

(10) 他的衣服还在外面，我的衣服收起来了。

2. 趋向补语，如：

Complement of direction, e.g.:

(1) 他把照相机拿来了。（一般动词＋来/去）

(2) 他给爸爸寄去了一封信。（一般动词 + 来/去）

(3) 他回家去了。（"上"类动词 + 来/去）

(4) 他进屋去了。（"上"类动词 + 来/去）

(5) 他买回了一些水果。（一般动词 + "上"类动词）

(6) 他搬进了一张桌子。（一般动词 + "上"类动词）

(7) 他家搬到新楼去了。（一般动词 + "上"类动词 + 来/去）

(8) 他拿起照相机来给我照了一张相。（一般动词 + "上"类动词 + 来/去）

3. 可能补语，如：

Complement of possibility, e.g.:

(1) 作业太多，我一个小时做不完。（得/不 + 一般动词/形容词）

(2) 下雨了，进不了城了。（得/不 + 动词"了"）

(3) 他的腿摔坏了，站不起来了。（得/不 + 趋向动词）

(4) 这个人批评不得。（得/不得）

4. 状态补语，如：

Complement of state, e.g.:

(1) 他唱得比较好。（评议性的）

(2) 他说得很流利。（评议性的）

(3) 他急得心里直冒火。（描写性的）

(4) 急得他心里直冒火。（描写性的）

5. 程度补语，如：

Complement of degree, e.g.:

(1) 他的病好多了。（不带"得"）

(2) 我的肚子疼极了。（不带"得"）

(3) 他疼得不得了。（带"得"）

(4) 丝绸贵得要命。（带"得"）

6. 数量补语，如：

Complement composed of a numeral-classifier compound, e.g.:

（1）我看一下。（动量）

（2）他去过两次。（动量）

（3）我休息一会儿。（时量）

（4）他大学毕业两年了。（时量）

（5）今年的学生比去年增加了一倍。（物量）

（6）我的笔少了一支。（物量）

7. 处所补语。也是由介词"于"及其宾语组成的介宾短语充当。如：

Complement of place, which is also composed of the preposition 于 and its object, e.g.:

（1）茶最早产于中国。

（2）他毕业于北京大学。

8. 时间补语。这里所谓"时间"指时间序列点。这种补语由介词"于"及其宾语组成的介宾短语充当。如：

Complement of time. Here "time" refers to a point of time. This type of complement is composed of the preposition 于 and its object, e.g.:

（1）他生于1970年。

（2）这本小说写于1980年。

 注释　Notes

白雪公主　Snow White

德国作家格林的童话《白雪公主》中的主人公。

The heroine in a fairy tale entitled *Snow White* by the German writer Grimm.

语法索引（第1册—第6册）
Index of grammar (Book 1–Book 6)

B
"把"字句（1）	4-8
"把"字句（2）	4-9
"把"字句（3）	5-1
"把"字句（4）	5-9
百以内称数法	2-2
倍数表达法	5-6
比较句（1）	5-2
比较句（2）	5-3
比较句（3）	5-4
比较句（4）	5-6
比较句（5）	5-8
表示比较的方法	5-10
宾语的成分	6-5
补语的分类	6-10

C
程度补语（1）	3-3
程度补语（2）	4-9
充当主语的成分	4-10
处所补语	6-7
存在句（1）	2-8
存在句（2）	4-7

D
"的"字结构	2-8
动词重叠（1）	2-9
动词重替（2）	4-4
动量补语（1）	2-7
动量补语（2）	4-3
动态助词"过"	4-3
动态助词"来着"	5-7
动态助词"了$_1$"（1）	3-6
动态助词"了$_1$"（2）	4-4
动态助词"了$_1$"与"了$_2$"	5-5
动态助词"了$_2$"（1）	3-3
动态助词"了$_2$"（2）	3-4
动态助词"了$_2$"（3）	4-3
动态助词"着"（1）	4-2
动态助词"着"（2）	4-7
动态助词"着呢"	6-3
动作行为的进行（1）	4-1
动作行为的进行（2）	4-2
短语的类型	2-10
多项定语的排列顺序	3-10

E
二次否定	6-9

F

方位表达法	2-8	分数表达法	5-6

J

结构助词"得"	2-6	结果补语（2）	4-1
结构助词"的"	2-4	结果补语（3）	4-2
结构助词"地"	4-1	句子成分	2-5
结果补语（1）	3-4	句子的语用类型	3-5

K

可能补语（1）	5-2	可能补语（3）	5-4
可能补语（2）	5-3	可能补语（4）	5-7

L

量词重叠	6-1	领有句	2-2

M

名词重叠	6-4	名词谓语句（2）	6-3
名词谓语句（1）	3-1		

Q

钱数表达法	3-3	趋向补语（1）	3-6
强调的表达法（1）	6-4	趋向补语（2）	3-7
强调的表达法（2）	6-6	趋向补语（3）	3-8
强调的表达法（3）	6-7	趋向补语（4）	3-9
强调的表达法（4）	6-9		

R

日期表达法	3-2		

S

"是"字句	2-1	时间补语	6-8
"是……的"句（1）	4-4	时量补语（1）	3-8
"是……的"句（2）	4-6	时量补语（2）	4-6

	是非疑问句（1）	2-1	数量词重叠	6-6
	是非疑问句（2）	3-2		

T
特指疑问句	2-2	

X
形容词谓语句	2-3	序数表达法	5-7
形容词重叠	4-4	选择疑问句	2-4

Y
一百以上的称数法	3-2	用"呢"的省略疑问句	3-1
"一+量词+名词"重叠	6-8	有标志的被动句（1）	5-8
疑问代词活用	6-1	有标志的被动句（2）	5-9
意义上的被动句	2-6	语气助词"了"	2-8
隐现句	3-7		

Z
"……着……着"	4-8	主谓谓语句（3）	3-9
正反疑问句（1）	2-3	主谓谓语句（4）	6-2
正反疑问句（2）	2-9	状态补语（1）	2-6
钟点儿表达法	3-1	状态补语（2）	6-2
主谓谓语句（1）	3-2	状语的成分	4-5
主谓谓语句（2）	3-8		

练习参考答案 Key to exercises

第一课

（二）词语

2. 填空

（1）炸糕（包子、粽子）、油条、馄饨　　（2）招待会

（3）精致　　（4）馅儿、馅儿　　（5）馄饨

（6）嫁　　（7）消息　　（8）秘密

（9）快餐　　（10）酸　　（11）种类、选择

（12）计划　　（13）不同（区别）　　（14）招待

（15）口味　　（16）相同　　（17）各种各样

（18）安排　　（19）俱、佳　　（20）粽子

（21）题目　　（22）行动　　（23）排

（24）排　　（25）排

（三）句型

2. 用括号里的词语改写句子

（1）你喜欢什么我也喜欢什么。

（2）你买什么词典我也买什么词典。

（3）你买几本我买几本。

（4）你换多少美元我换多少美元。

（5）你邀请谁我也邀请谁。

（6）你邀请哪些人我也邀请哪些人。

（7）你去哪儿我也去哪儿。
（8）你怎么去我怎么去。
（9）你在哪儿复习我也在哪儿复习。
（10）你在什么地方复习我也在什么地方复习。
（11）谁都帮助过我。
（12）哪儿我都想去。
（13）怎么去都行。
（14）哪天去都可以。
（15）哪种小吃我都没吃过。
（16）我什么小吃都没吃过。

第二课

(二) 词语

2. 填空

(1) 尖　　　(2) 遛　　　(3) 掏　　　(4) 理
(5) 动　　　(6) 车窗　　(7) 伸　　　(8) 平静
(9) 印象　　(10) 鞠躬　　(11) 目的地　(12) 和气
(13) 自信　 (14) 神气　　(15) 礼貌　　(16) 显
(17) 消失　 (18) 时髦　　(19) 联系　　(20) 大使馆
(21) 赶快　 (22) 黄、(浅)蓝、紫　(23) 男声　(24) 微笑

第三课

(二) 词语

2. 填空

(1) 首都　　　(2) 风景　　　(3) 著名
(4) 头　　　　(5) 流、清　　(6) 头发

(7) 无论如何　　(8) 国外（家乡）　　(9) 回忆
(10) 失业　　(11) 阳台　　(12) 指
(13) 指、指　　(14) 究竟　　(15) 租
(16) 迁居、镇　　(17) 不仅、物价　　(18) 不是、而是
(19) 身材　　(20) 朝代　　(21) 仅

第四课

（二）词语

2. 填空

(1) 无、无　　(2) 所有　　(3) 衷心
(4) 分　　(5) 绣　　(6) 机器
(7) 海员、辛苦　　(8) 打扰　　(9) 打搅（打扰）
(10) 脾气、脾气　　(11) 户　　(12) 价钱
(13) 轧　　(14) 复活　　(15) 劳动
(16) 彩色　　(17) 正巧　　(18) 效果
(19) 经验、效果　　(20) 脚　　(21) 脱
(22) 说明　　(23) 教育　　(24) 当天

（三）句型

2. 用括号里的词语改写句子

(1) 谁都喜欢他的表演。

(2) 谁都不会喜欢战争。／没有谁会喜欢战争。

(3) 谁都不愿意参加她的生日晚会。／没有谁愿意参加她的生日晚会。

(4) 谁都讨厌他。

(5) 明天你哪儿也不能去。

(6) 这种丝绸哪儿也买不到。

(7) 你什么时候来都欢迎。

(8) 你什么东西也不要买。

(9) 他什么会议都不参加。

(10) 他什么都不害怕。

(五) 阅读

1. 选择正确答案

(1) A　　(2) B　　(3) B　　(4) A

第五课

(二) 词语

2. 填空

(1) 了不起　　(2) 周岁　　(3) 称呼

(4) 语文　　(5) 艺术　　(6) 演员

(7) 难得　　(8) 高尚　　(9) 时代

(10) 同时　　(11) 同时　　(12) 道德

(13) 重视　　(14) 继续、达到　　(15) 后悔

(16) 赶紧　　(17) 末　　(18) 自从、至今

(19) 生分　　(20) 缓和　　(21) 反对

(22) 小康　　(23) 盼望　　(24) 乱

(25) 起名儿

第六课

（二）词语

2. 连线

一条 —— 胡同
引起 —— 兴趣
有关 —— 单位
排列 —— 整齐
文化 —— 遗产
风俗 —— 人物
内容 —— 丰富
亲自 —— 参加
新鲜 —— 空气
主要 —— 人物
旅游 —— 项目
呼吸 —— 空气

2. 填空

(1) 街道、窄　　(2) 引起　　(3) 数目

(4) 有关　　(5) 命名　　(6) 似

(7) 毛　　(8) 变迁　　(9) 浓厚

(10) 主持　　(11) 夸张　　(12) 脏

(13) 遗产　　(14) 丰富　　(15) 呼吸

(16) 亲自　　(17) 感兴趣、项目　　(18) 新鲜

(19) 作用　　(20) 改造

（三）句型

2. 选择正确的回答

(1) d　　(2) g　　(3) c　　(4) a

(5) f　　(6) b　　(7) e　　(8) h

第七课

（二）词语

2. 连线

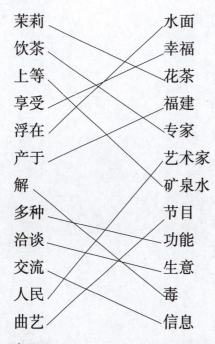

2. 填空

(1) 专家　　　　(2) 上等　　　　(3) 简直
(4) 消化　　　　(5) 其次　　　　(6) 享受
(7) 缺少　　　　(8) 场所　　　　(9) 功能
(10) 浮　　　　(11) 音译　　　　(12) 出口
(13) 洽谈　　　　(14) 牧民、奶茶　　(15) 献
(16) 曲艺　　　　(17) 交流　　　　(18) 壶

（四）阅读

1. 选出课文中没提到的内容

(1) C　　　　(2) B　　　　(3) D　　　　(4) D

第八课

(二) 词语

2. 连线

3. 填空

(1) 公元 　　　(2) 出现 　　　(3) 约

(4) 成立 　　　(5) 技术 　　　(6) 开凿

(7) 残缺、人为 　(8) 美术 　　　(9) 拍摄、称赞

(10) 平均 　　　(11) 保护 　　　(12) 宴会

(13) 弹 　　　　(14) 待 　　　　(15) 情景

(16) 埋 　　　　(17) 保护 　　　(18) 仔细

(19) 部位 　　　(20) 偏偏

第九课

（二）词语

2. 连线

请示　　　实践
坚持　　　时间
集合　　　领导
语言　　　痛快
友好　　　劳动
体育　　　出差
心里　　　相处
办事　　　活动
去南方　　科学
学习　　　同意
请求　　　电话
急救　　　拖拉

3. 填空

（1）响　　　　　　（2）失眠　　　　　（3）请示

（4）痛快　　　　　（5）吵、烦　　　　（6）处长

（7）心事　　　　　（8）碰见　　　　　（9）负责

（10）出差（活动）　（11）其他　　　　（12）提醒、集合

（13）危险　　　　（14）原谅　　　　　（15）坚持

（16）利用　　　　（17）肺炎　　　　　（18）房东

（19）趣闻　　　　（20）实践　　　　　（21）一衣带水

（22）文艺　　　　（23）幸亏　　　　　（24）广泛

（25）难以忘怀

第十课

（二）词语

2. 连线

3. 填空

（1）喜爱　　　（2）感情　　　（3）真诚

（4）优美　　　（5）收看　　　（6）点播

（7）美满　　　（8）火热　　　（9）动人

（10）搞　　　（11）感情、动人　　　（12）坦率

（13）干涉　　　（14）宫殿　　　（15）万一

（16）纯真　　　（17）吉祥　　　（18）赚

（19）税　　　（20）利息　　　（21）补
（22）光　　　（23）棒　　　（24）富、穷

（三）阅读

1. 下面哪些是玛丽的想法和做法

（1）×　　（2）√　　（3）√　　（4）×
（5）√　　（6）×　　（7）√　　（8）√

词汇总表 Vocabulary list

A

AA 制	（名）	AA zhì	1
安排	（动）	ānpái	1

B

百科全书		bǎikē quánshū	6
棒	（形）	bàng	10
包子	（名）	bāozi	1
宝贝	（名）	bǎobèi	10
宝库	（名）	bǎokù	8
保护	（动）	bǎohù	8
报	（动）	bào	2
笔	（量）	bǐ	6
必需	（动）	bìxū	10
必需品	（名）	bìxūpǐn	10
毕竟	（副）	bìjìng	10
碧螺春	（名）	bìluóchūn	7
扁	（形）	biǎn	1
变迁	（动）	biànqiān	6
波浪	（名）	bōlàng	6
播	（动）	bō	10
播放	（动）	bōfàng	10
补	（动）	bǔ	10
不仅	（连）	bùjǐn	3
不愧	（副）	búkuì	5
不(是)……而(是)……		bú(shì)…ér(shì)…	3

147

不同		bù tóng	1
部位	(名)	bùwèi	8

C

采	(动)	cǎi	3
彩电	(名)	cǎidiàn	4
彩色	(形)	cǎisè	4
残缺	(形)	cánquē	8
茶馆	(名)	cháguǎn	7
茶叶	(名)	cháyè	7
茶园	(名)	cháyuán	7
产	(动)	chǎn	4
场所	(名)	chǎngsuǒ	7
超过	(动)	chāoguò	7
朝代	(名)	cháodài	3
朝	(介、动)	cháo	2
朝	(名)	cháo	3
吵	(动、形)	chǎo	9
吵嚷	(动)	chǎorǎng	9
车窗	(动)	chēchuāng	2
沉	(动)	chén	7
称	(动)	chēng	6
称呼	(动)	chēnghu	5
称赞	(动)	chēngzàn	8
成立	(动)	chénglì	8
成为	(动)	chéngwéi	7
出差		chū chā	9
出口	(动)	chūkǒu	7
出现	(动)	chūxiàn	8
处长	(名)	chùzhǎng	9
传	(动)	chuán	10
串	(量)	chuàn	8

148

创作	（动）	chuàngzuò	8
纯真	（形）	chúnzhēn	10
从……起		cóng…qǐ	6
粗	（形）	cū	2
粗重	（形）	cūzhòng	2
醋	（名）	cù	1

D

达到		dá dào	5
打搅	（动）	dǎjiǎo	4
打扰	（动）	dǎrǎo	4
大票	（名）	dàpiào	2
大使	（名）	dàshǐ	2
大使馆	（名）	dàshǐguǎn	2
待	（动）	dāi	8
淡	（形）	dàn	1
当天	（名）	dàngtiān	4
道德	（名、形）	dàodé	5
地区	（名）	dìqū	1
点播	（动）	diǎnbō	10
点歌		diǎn gē	10
雕塑	（名、动）	diāosù	8
动	（动）	dòng	2
动人	（形）	dòng rén	10
洞	（名）	dòng	8
都	（名）	dū	3
毒	（名）	dú	7
对……来说		duì…lái shuō	3
朵	（量）	duǒ	4
躲	（动）	duǒ	10

F

发愁		fā chóu	10
烦	（动、形）	fán	9
反对	（动）	fǎnduì	5
反映	（动）	fǎnyìng	5
方	（形）	fāng	1
房东	（名）	fángdōng	9
非……不可		fēi…bù kě	9
肺炎	（名）	fèiyán	9
费用	（名）	fèiyong	3
分	（动）	fēn	4
分配	（动）	fēnpèi	3
份	（量）	fèn	1
丰富	（形）	fēngfù	6
风景	（名）	fēngjǐng	3
风俗	（名）	fēngsú	6
风雨交加		fēngyǔ jiāojiā	9
佛	（名）	fó	8
佛像	（名）	fóxiàng	8
扶	（动）	fú	4
浮	（动）	fú	7
负责	（动）	fùzé	9
附件	（名）	fùjiàn	8
复	（副）	fù	4
复活	（动）	fùhuó	4
富	（形）	fù	10

G

改造	（动）	gǎizào	6
干	（形）	gān	1
干涉	（动）	gānshè	10
赶紧	（副）	gǎnjǐn	5
赶快	（副）	gǎnkuài	2

感情	（名）	gǎnqíng	10
感兴趣		gǎn xìngqù	6
高尚	（形）	gāoshàng	5
搞	（动）	gǎo	10
告辞	（动）	gàocí	4
个儿	（名）	gèr	3
各种各样		gè zhǒng gè yàng	1
根	（名、量）	gēn	1
根本	（副、名、形）	gēnběn	2
公公	（名）	gōnggong	5
公元	（名）	gōngyuán	8
功能	（名）	gōngnéng	7
宫殿	（名）	gōngdiàn	10
官	（名）	guān	5
光	（动、形）	guāng	10
广泛	（形）	guǎngfàn	9
跪	（动）	guì	8
国外	（名）	guówài	3
果然	（副）	guǒrán	1

H

哈密瓜	（名）	hāmìguā	8
海员	（名）	hǎiyuán	4
害怕	（动）	hàipà	4
行业	（名）	hángyè	6
和气	（形）	héqì	2
黑	（形）	hēi	2
红茶	（名）	hóngchá	7
后悔	（动）	hòuhuǐ	5
呼	（动）	hū	6
呼吸	（动）	hūxī	6
胡同	（名）	hútòng	6

壶	（名、量）	hú	7
户	（量）	hù	4
花茶	（名）	huāchá	7
化解	（动）	huàjiě	9
化学	（名）	huàxué	8
欢乐	（形）	huānlè	8
缓和	（动）	huǎnhé	5
黄	（形）	huáng	2
灰	（形）	huī	6
回忆	（动、名）	huíyì	3
会议	（名）	huìyì	4
馄饨	（名）	húntun	1
活动	（动、名）	huódòng	9
火热	（形）	huǒrè	10

J

机器	（名）	jīqì	4
吉祥	（形）	jíxiáng	10
急救		jí jiù	9
集合	（动）	jíhé	9
集体	（名）	jítǐ	9
计划	（动、名）	jìhuà	1
记录	（动、名）	jìlù	6
技术	（名）	jìshù	8
继续	（动）	jìxù	5
加	（动）	jiā	6
佳	（形）	jiā	1
家乡	（名）	jiāxiāng	3
价钱	（名）	jiàqián	4
嫁	（动）	jià	1
尖	（形）	jiān	2

坚持	（动）	jiānchí	9
拣	（动）	jiǎn	3
简直	（副）	jiǎnzhí	7
江	（名）	jiāng	3
讲究	（动）	jiǎngjiu	5
酱油	（名）	jiàngyóu	1
交流	（动）	jiāoliú	7
脚	（名）	jiǎo	4
教育	（名、动）	jiàoyù	4
街道	（名）	jiēdào	6
洁白	（形）	jiébái	3
解围		jiě wéi	5
仅	（副）	jǐn	3
进修	（动）	jìnxiū	1
经验	（名）	jīngyàn	4
精致	（形）	jīngzhì	1
井	（名）	jǐng	6
究竟	（副）	jiūjìng	3
鞠躬	（动）	jūgōng	2
俱	（副）	jù	1
据说	（动）	jùshuō	5
聚会	（动）	jùhuì	7

K

开凿	（动）	kāizáo	8
科学	（名、形）	kēxué	9
科长	（名）	kēzhǎng	9
口味	（名）	kǒuwèi	1
夸张	（动、名）	kuāzhāng	6
快餐	（名）	kuàicān	1
矿泉水	（名）	kuàngquánshuǐ	7

L

栏目	（名）	lánmù	10
蓝	（形）	lán	2
浪漫	（形）	làngmàn	10
劳动	（动）	láodòng	4
老百姓	（名）	lǎobǎixìng	7
类	（名、量）	lèi	1
愣	（动）	lèng	2
礼貌	（名）	lǐmào	2
里弄	（名）	lǐlòng	6
理	（动）	lǐ	2
利息	（名）	lìxī	10
利用	（动）	lìyòng	9
例如	（动）	lìrú	5
连声	（副）	liánshēng	4
联系	（动、名）	liánxì	2
了不起	（形）	liǎobuqǐ	5
灵感	（名）	línggǎn	8
聆听	（动）	língtīng	10
留念		liú niàn	8
流	（动）	liú	3
遛	（动）	liù	2
龙井	（名）	lóngjǐng	7
旅伴	（名）	lǚbàn	8
绿茶	（名）	lǜchá	7
乱	（形）	luàn	5

M

埋	（动）	mái	8
买单		mǎi dān	1
满月		mǎn yuè	5
毛	（名）	máo	6
毛峰	（名）	máofēng	7

冒火		mào huǒ	2
眉毛	（名）	méimao	3
美好	（形）	měihǎo	10
美满	（形）	měimǎn	10
美术	（名）	měishù	8
猛然	（副）	měngrán	2
秘密	（形、名）	mìmì	1
面	（名）	miàn	7
苗条	（形）	miáotiao	3
名称	（名）	míngchēng	6
命名		mìng míng	6
茉莉	（名）	mòlì	7
目的地	（名）	mùdìdì	2
牧民	（名）	mùmín	7

N

奶茶	（名）	nǎichá	7
男声	（名）	nánshēng	2
难得	（形）	nándé	5
难以忘怀		nányǐ wànghuái	9
年代	（名）	niándài	5
浓	（形）	nóng	6
浓厚	（形）	nónghòu	6
女声	（动）	nǚshēng	2

P

拍摄	（动）	pāishè	8
排	（动、名、量）	pái	1
排列	（动）	páiliè	6
盼	（动）	pàn	5
盼望	（动）	pànwàng	5
陪伴	（动）	péibàn	9
佩服	（动）	pèifú	2

碰	（动）	pèng	9
碰见	（动）	pèngjiàn	9
皮	（名）	pí	3
皮肤	（名）	pífū	3
脾气	（名）	píqi	4
偏	（副）	piān	8
偏偏	（副）	piānpiān	8
平静	（形）	píngjìng	2
平均	（动、形）	píngjūn	8
婆婆	（名）	pópo	5
破坏	（动）	pòhuài	8

Q

其次	（连、名）	qícì	7
其他	（代）	qítā	9
启发	（动）	qǐfā	8
起名		qǐ míng	5
洽谈	（动）	qiàtán	7
迁居	（动）	qiānjū	3
浅	（形）	qiǎn	2
亲切	（形）	qīnqiè	2
亲手	（副）	qīnshǒu	4
亲眼	（副）	qīnyǎn	8
亲友	（名）	qīnyǒu	10
亲自	（副）	qīnzì	6
琴	（名）	qín	8
清	（形）	qīng	3
情景	（名）	qíngjǐng	8
请求	（动、名）	qǐngqiú	9
请示	（动）	qǐngshì	9
穷	（形）	qióng	10
区别	（动、名）	qūbié	1

曲艺	（名）	qǔyì		7
趣闻	（名）	qùwén		9
全面	（形）	quánmiàn		5
全体	（形）	quántǐ		10
泉	（名）	quán		7
缺少	（动）	quēshǎo		7

R

嚷	（动）	rǎng	9
热烈	（形）	rèliè	10
人体	（名）	réntǐ	7
人为	（形）	rénwéi	8
人物	（名）	rénwù	6
任何	（代）	rènhé	4
任意	（副）	rènyì	1
如今	（名）	rújīn	10

S

沙子	（名）	shāzi	8
上等	（形）	shàngděng	7
伸	（动）	shēn	2
身材	（名）	shēncái	3
深	（形）	shēn	2
深情	（形）	shēnqíng	4
深情	（名）	shēnqíng	10
神经	（名）	shénjīng	9
神气	（形）	shénqì	2
生分	（形）	shēngfen	5
失眠		shī mián	9
失业		shī yè	3
石雕	（名）	shídiāo	8
石窟	（名）	shíkū	8
时代	（名）	shídài	5

时髦	（形）	shímáo	2
实践	（动、名）	shíjiàn	9
世代	（名）	shìdài	9
世纪	（名）	shìjì	5
收看		shōu kàn	10
手指	（名）	shǒuzhǐ	4
首都	（名）	shǒudū	3
数目	（名）	shùmù	6
税	（名）	shuì	10
顺	（形）	shùn	2
顺路	（形、副）	shùnlù	2
说明	（动、名）	shuōmíng	4
似	（动）	sì	6
送礼		sòng lǐ	9
酥油	（名）	sūyóu	7
酸	（形）	suān	1
随	（动）	suí	3
孙子	（名）	sūnzi	10
所有	（形）	suǒyǒu	4

T

塔	（名）	tǎ	3
坦率	（形）	tǎnshuài	10
掏	（动）	tāo	2
讨论	（动）	tǎolùn	5
讨厌	（动）	tǎoyàn	4
弹	（动）	tán	8
提醒	（动）	tíxǐng	9
题目	（名）	tímù	1
调	（动）	tiáo	9
条儿	（名）	tiáor	10
同时	（名、连）	tóngshí	5

同样	（形、连）	tóngyàng	2
痛	（形）	tòng	4
痛快	（形）	tòngkuài	9
头发	（名）	tóufa	3
拖拉	（形）	tuōlā	9
脱	（动）	tuō	4

W

外人	（名）	wài rén	9
弯	（形、动）	wān	3
完好	（形）	wánhǎo	8
万一	（连、副）	wànyī	10
往往	（副）	wǎngwǎng	5
危险	（形）	wēixiǎn	9
微笑	（动）	wēixiào	2
为	（动）	wéi	7
为人	（名）	wéirén	10
维生素	（名）	wéishēngsù	7
尾号	（名）	wěihào	10
文艺	（名）	wényì	9
吻	（动、名）	wěn	10
卧	（动）	wò	8
无	（动）	wú	4
无论如何		wúlùn rúhé	3
五花八门		wǔhuā bāmén	6
勿	（副）	wù	4
物价	（名）	wùjià	3

X

喜爱	（动）	xǐ'ài	10
细	（形）	xì	6
咸	（形）	xián	1
显得	（动）	xiǎnde	2
馅儿	（名）	xiànr	1

献	（动）	xiàn	7
乡	（名）	xiāng	4
相处	（动）	xiāngchǔ	9
相同	（形）	xiāngtóng	1
享受	（动）	xiǎngshòu	7
响	（动、形）	xiǎng	9
想法	（名）	xiǎngfǎ	1
向导	（名）	xiàngdǎo	8
项目	（名）	xiàngmù	6
巷	（名）	xiàng	6
消化	（动）	xiāohuà	7
消失	（动）	xiāoshī	2
消息	（名）	xiāoxi	1
小康	（形）	xiǎokāng	5
效果	（名）	xiàoguǒ	4
心里	（名）	xīnli	9
心情	（名）	xīnqíng	9
心事	（名）	xīnshì	9
辛苦	（形）	xīnkǔ	4
新鲜	（形）	xīnxiān	6
信息	（名）	xìnxī	7
行动	（动、名）	xíngdòng	1
形	（名）	xíng	1
形状	（名）	xíngzhuàng	1
幸亏	（副）	xìngkuī	9
秀气	（形）	xiùqi	3
绣	（动）	xiù	4
宣传	（名、动）	xuānchuán	10
选择	（动）	xuǎnzé	1

Y

牙齿	（名）	yáchǐ	3
轧	（动）	yà	4
演员	（名）	yǎnyuán	5
宴会	（名）	yànhuì	8
阳台	（名）	yángtái	3
药膏	（名）	yàogāo	4
一连	（副）	yìlián	9
一下子	（副）	yíxiàzi	5
一衣带水	（名）	yì yī dài shuǐ	9
一致	（形）	yízhì	5
医生	（名）	yīshēng	4
遗产	（名）	yíchǎn	6
以	（介、连）	yǐ	6
艺术	（名、形）	yìshù	5
音节	（名）	yīnjié	5
音译	（动）	yīnyì	7
引起	（动）	yǐnqǐ	6
饮	（动）	yǐn	7
印象	（名）	yìnxiàng	2
硬	（形）	yìng	7
硬币	（名）	yìngbì	7
优美	（形）	yōuměi	10
由于	（介、连）	yóuyú	6
油条	（名）	yóutiáo	1
有的是		yǒudeshì	2
有关	（动）	yǒuguān	6
于	（介）	yú	7
语文	（名）	yǔwén	5
原谅	（动）	yuánliàng	9
约	（副）	yuē	8
越来越……		yuè lái yuè…	6

Z

脏	（形）	zāng	6
炸	（动）	zhá	1
炸糕	（名）	zhágāo	1
窄	（形）	zhǎi	6
涨	（动）	zhǎng	3
招待	（动）	zhāodài	1
招待会	（名）	zhāodàihuì	1
招手		zhāo shǒu	2
召开	（动）	zhàokāi	4
着呢	（助）	zhene	3
真诚	（形）	zhēnchéng	10
真情	（名）	zhēnqíng	10
镇	（名）	zhèn	3
征求	（动）	zhēngqiú	5
正	（形）	zhèng	6
正巧	（副）	zhèngqiǎo	4
直	（副、形）	zhí	2
止痛膏	（名）	zhǐtònggāo	4
指	（动）	zhǐ	3
至	（动）	zhì	5
至今		zhìjīn	5
衷心	（形）	zhōngxīn	4
种类	（名）	zhǒnglèi	1
重视	（动）	zhòngshì	5
周岁	（名）	zhōusuì	5
主持	（动）	zhǔchí	6
嘱咐	（动）	zhǔfù	4
祝福	（动、名）	zhùfú	10
著名	（形）	zhùmíng	3
专家	（名）	zhuānjiā	7
赚	（动）	zhuàn	10

撞	（动）	zhuàng	10
仔细	（形）	zǐxì	8
紫	（形）	zǐ	2
自	（介）	zì	5
自从	（介）	zìcóng	5
自来水	（名）	zìláishuǐ	7
自然	（名、形）	zìrán	8
自我	（代）	zìwǒ	4
自信	（形、动）	zìxìn	2
总之	（连）	zǒngzhī	7
粽子	（名）	zòngzi	1
走廊	（名）	zǒuláng	9
租	（动）	zū	3
嘴唇	（名）	zuǐchún	3
尊敬	（动、形）	zūnjìng	5
作用	（名、动）	zuòyòng	6
做法	（名）	zuòfǎ	10

专名 Proper nouns

A

安徽	Ānhuī	7
安娜	Ānnà	9
澳元	Àoyuán	10

B

北京外国语大学	Běijīng Wàiguóyǔ Dàxué	3
白雪公主	Báixuě Gōngzhǔ	10

D

大同	Dàtóng	8
大雁塔	Dàyàn Tǎ	3

F

费城	Fèichéng	3
福建	Fújiàn	7

G

国庆节	Guóqìng Jié	8

H

和平路	Hépíng Lù	2
虎跑泉	Hǔpǎo Quán	7
黄山	Huáng Shān	7

J

吉姆	Jímǔ	4
加利福尼亚	Jiālìfúníyà	3
江苏	Jiāngsū	7
旧金山	Jiùjīnshān	3

K

孔鲤	Kǒng Lǐ	5
孔子	Kǒngzǐ	5

L

老舍	Lǎo Shě	7
卢京生	Lú Jīngshēng	10

M

明（朝）	Míng（Cháo）	6

N

内蒙	Nèiměng	7
纽约	Niǔyuē	3

Q

钱塘江	Qiántáng Jiāng	3
清（朝）	Qīng（Cháo）	6

S

山西	Shānxī	8
上帝	Shàngdì	9
宋英	Sòng Yīng	8

T

吐鲁番	Tǔlǔfān	8

W

王小康	Wáng Xiǎokāng	5
王学艺	Wáng Xuéyì	5
王志强	Wáng Zhìqiáng	5
武周山	Wǔzhōu Shān	8

X

西藏	Xīzàng	7
希尔顿饭店	Xī'ěrdùn Fàndiàn	10
徐春兰	Xú Chūnlán	2